U0926595

荣誉篇

陈安之老师亲自为作者颁奖

世界激励大师约翰·库提斯为作者颁发“讲师冠军”奖

《秘密》主角亲自给作者颁发“杰出贡献”奖

名师篇

作者与亚洲销售女神徐鹤宁老师在一起

作者与世界第一潜能激励大师安东尼·罗宾在一起

作者与共和国演说家彭清一老师在一起

魅力篇

作者与学员们合影

作者在课堂上与学员互动

智读汇·名师书苑

不可思议的潜能

张钦源 著

中国财富出版社

图书在版编目（CIP）数据

不可思议的潜能 / 张钦源著 . —北京：中国财富出版社，2014.11
（智读汇·名师书苑）
ISBN 978-7-5047-5361-8

Ⅰ . ①不…　Ⅱ . ① 张…　Ⅲ . ①销售－商业心理学　Ⅳ . ① F713.55

中国版本图书馆 CIP 数据核字（2014）第 202916 号

策划编辑	丰　虹	**责任印制**	方朋远
责任编辑	戴海林　吴伊文　吴艳红	**责任校对**	杨小静

出版发行　中国财富出版社
社　　址　北京市丰台区南四环西路 188 号 5 区 20 楼　**邮政编码**　100070
电　　话　010 － 52227568（发行部）　010 － 52227588 转 307（总编室）
　　　　　　010 － 68589540（读者服务部）　010 － 52227588 转 305（质检部）
网　　址　http: //www.cfpress.com.cn
经　　销　新华书店
印　　刷　北京亿成盛源彩色印刷有限公司
书　　号　ISBN 978-7-5047-5361-8 /F·2225

开　　本	700mm×1000mm　1/16	**版　　次**	2014 年 11 月第 1 版
印　　张	14	**印　　次**	2014 年 11 月第 1 次印刷
字　　数	234 千字	**定　　价**	38.00 元

前言

记得小学一年级的时候，老师问我："你最喜欢的是什么？最害怕的是什么？"

我说："最喜欢的是蝴蝶，最害怕的是毛毛虫。"

老师笑而不语。

长大后，我才知道，美丽的蝴蝶和丑陋的毛毛虫居然是同一种生物。

那一刻，我惊呆了！

原来，世界是如此的神奇与不可思议；原来，生命的蜕变竟是如此的绚烂辉煌。

那时候，我就在想，要是有一天，人也能够如毛毛虫变成蝴蝶一般蜕变该有多好。原以为这种奢望永远都不可能实现，直到我认识了它——潜能！

潜能，顾名思义，指的就是潜在的能量，是人类原本拥有却视而不见、无法运用的能力，它深藏在潜意识之中，如一头沉睡的雄狮等待着被唤醒，等待着发出震惊世界的咆哮。然而，这种等待注定是漫长的，因为，能够成功激发自身潜能的人实在是太少太少！

为什么？

很简单，方法不对，契机不对！

日常生活中，我们常常能听到或看到这样的新闻报道：一个瘦弱的老人为了救出被压在车轮下的孙子，单臂抬起了汽车；一个柔弱的母亲为了及时接住从楼上掉下来的儿子，创造了不可思议的短跑奇迹；一个常年瘫痪的人在歹徒的威胁下突然站了起来……

难道潜能只有在危机之时才会爆发吗？

从一定程度上来说，的确如此。毕竟，自我保护是人最原始的本能。

当然了，这么说只是在阐明一个事实，我本人并不赞同大家尝试用危险去激发潜能，因为在本书中我会为大家介绍一些更好更实用的方法。

什么？你说你不想去激发潜能？你觉得那毫无意义？

好吧，是我疏忽了，的确，有很多人对潜能本身的力量并不了解，不过，没关系，只要你认认真真地将本书读完，我相信，你一定不会再说出“不想”这两个字。

你还不信？

试过徒手劈开厚厚的木板吗？试过踏火无痕吗？

没试过？做不到？不！每个人其实都能做到！

只要你激发了潜能！

要知道，人的身体本身就是一个神秘莫测的小宇宙，只要我们开发出了身体中潜藏的力量，一切皆有可能，成功不是祈望！

潜能改变人生，潜能带来伟力，潜能激发魅力，潜能铸就成功。在书中，我围绕这四个方面对潜能进行了综合阐述，虽然很浅显，也有很多不足，但我想对希望走向成功的人还是有些帮助的。

最后，郑重地声明一点，本书更适合注重销售的人群阅读。

为什么说注重，而不直接说是销售员呢？很简单，其实我们每一个人每一天都在“推销”自己，我们所做的每一件事实际上都是在展示自己。

这么说，你明白吗？

最后的最后，我想说，上帝在创造人类的时候，便赋予了人类独一无二的特性，我们都是与众不同的，所以，无须去仰望高山的巍峨，无须去嫉妒大海的浩瀚，只要你想，只要你激发了自己的潜能，你同样是别人眼中的那座山，那片海！

张钦源

2014 年 8 月

Contents

目录

第一章
醒醒吧，别再让隐藏的力量继续沉睡 / 1

1 每个人都是草原沉睡的雄狮 / 3
2 潜能就是随时等待爆发的火山 / 6
3 了解自己天才的八大问句 / 10
4 发现自己的天赋 / 14
5 激发自己另外的 95% 的潜能 / 17
6 把握机遇，展示自我 / 20
7 如果今天是生命中的最后一天 / 23

第二章
敢于做梦，才能拥有战无不胜的神力 / 27

1 战胜恐惧，树立成功的梦想 /29
2 只有不敢想的，没有做不到的 / 32
3 吸引力法则——无中生有，借力使力 / 35

4 你的结果不会超过你的梦想 / 38
5 你渴望的程度与你的能力成正比 / 41
6 成功 = 目标，其他的都是这句话的注解 / 44
7 为自己做一块梦想板，让梦可视化 / 47

第三章
用心灵的魔法，解开封印潜能的枷锁 / 51

1 强大的心灵，是最有力的武器 / 53
2 你的格局一旦被扩大就再也回不到原点 / 56
3 对无法预期的结局，要有心理准备 / 59
4 “贪得无厌”与“知足常乐” / 62
5 大脑只能装一样东西，不是你渴望的，就是你恐惧的 / 65
6 格局决定布局，布局决定结局 / 67
7 小心写下你的每一个目标，因为它一不小心有可能会实现 / 70

第四章
善用八大法宝，塑造全新的自我 / 73

1 法宝一：自信，是做好一切事情的前提 / 75
2 法宝二：乐观，遇事要多往好处想 / 78
3 法宝三：好学，持续不断地跟有结果的人学习 / 81
4 法宝四：控制情绪，学做情绪的主人 / 84

5　法宝五：厚脸皮，优秀销售员的必杀技 / 87
6　法宝六：人要衣装，佛要金装 / 90
7　法宝七：保持运动，改变体质，让自己达到巅峰状态 / 93
8　法宝八：贵人出现时，要抓住他 / 96

第五章
你才是胜负的关键，征服世界先要改变自己 / 99

1　推销产品先要推销自己 / 101
2　要给客户最好的第一印象 / 104
3　证明你就是“唯一” / 107
4　善待别人，才能被别人善待 / 111
5　任何时候都要保持微笑 / 114
6　成功就要多付出 10 倍的努力 / 118
7　马上行动，执行力就是胜利 / 121

第六章
激发潜在的魅力，让别人乐于接纳你 / 125

1　把“250 法则”铭记于心 / 127
2　勇于做出公众承诺 / 130
3　好人缘是你的活广告 / 133
4　幽默的人容易讨得别人喜欢 / 136

5 热情健谈，拉近与客户之间的关系 / 139
6 好脾气的人才能有好业绩 / 142

第七章
修行秘籍，不可或缺的制胜策略 / 145

1 空杯心态 / 147
2 掌握应变能力能让你游刃有余 / 150
3 情感沟通是最重的砝码 / 153
4 适当“装傻”，才是智慧的表现 / 156
5 以退为进，吊胃口也是一种战略 / 159
6 要学会察言观色 / 162

第八章
细节决定成败，释放潜能从身边小事做起 / 165

1 尊重，从牢记他人姓名开始 / 167
2 爱的联系，让客户记住你 / 170
3 将心比心，好处与人分享 / 173
4 摘掉有色眼镜，一视同仁 / 176
5 你要比别人更果断 / 179
6 谦逊一点，没什么坏处 / 182

第九章

自我救赎，走出恐惧的阴霾 / 185

1 战胜恐惧，向不可能挑战 / 187

2 体能上的挑战：劈木板 / 191

3 意识上的挑战：催眠——潜意识不可思议 / 195

4 直面恐惧假象：走火 / 198

5 人生的清单：为自己设定 101 个目标 / 201

6 灵魂的音乐：潜意识 CD / 205

Chapter 1

世界上每朵花都有它盛开的理由，我们每个人来到世上，都有存在的价值，关键是发现并挖掘出自己的天赋，最大限度地发挥自己的长处。

同样是七旬的老人，一位把这个年纪当成了人生的尽头，只是在家中等死；另一位则不把年龄当回事，在随后的25年里一直冒险攀登高山，在95岁高龄时还登上了日本的富士山，打破了攀登此山的最高年龄纪录。她就是著名的胡达·克鲁斯老太太，而她这种惊人的力量从何而来呢？

1 每个人都是草原沉睡的雄狮

在非洲广阔无垠的大草原上，雄性狮子无疑是百兽之王。可平时的它们，看上去总是无精打采，每天大部分时间都是昏昏欲睡的模样，就连日常的狩猎也是母狮的职责，它们只是等着坐享其成。但真实的情况却并非如此，雄狮往往在深夜出动，或是隐藏在植被茂盛的草丛里，专门等待捕杀那些大型动物，如野牛。而对于那些狮群以外的入侵者，雄狮更是毫不留情，它们会发出震耳欲聋的咆哮声，随后用自己结实的肌肉和锋利的牙齿与入侵者展开厮杀，那凶猛的气势和惊人的力量足以让任何入侵者胆寒。

其实，我们每个人都像非洲草原上看似慵懒无比的雄狮，在我们身上隐藏着的巨大而又惊人的力量，它不仅能帮助我们取得应有的成功，更能让那些看上去遥不可及的美梦变成现实。但因为这股力量不易被察觉，所以往往会被我们忽略，于是乎有的人能创造出令人刮目的奇迹，而另外一些人只能做永远沉睡的雄狮。这股隐藏在我们身上的惊人的力量，称作潜能。

所谓潜能，就是一种潜在的能量，是还没有发挥出来或是人类原本具备却忘记使用的能力。著名的心理学家奥托指出，通常一个人所发挥出来的能力，只占他全部能力的4%。也就是说，人类还有96%的能力尚未发挥出来。如此看来，那96%的被人们遗忘的能力才是决定我们人生成败的关键因素。我们每一个人身上都蕴藏着无法估量的巨大潜能，只要这种潜能得到发挥，必然能成就一番了不起的事业。有的研究发现，那些在人类历史长河中有着突出贡献的人们，并非天生神童，或是有着独特的身体构造，他们只不过是比别人更多地发现了自己的潜能，并使之得以有效利用而已。

曾经有这样一篇报道，说一个幼儿被困在一辆小轿车下面，几个路人发现之后试图挪动小轿车，但尝试几次都以失败告终。这时孩子的母亲购物回来发现了孩子的危险处境，二话没说，飞奔过来，用尽浑身气力，竟然搬起了小轿车的尾部，最终让孩子得救。事后，这位母亲也不敢相信单靠自己的双臂竟能搬起一辆小轿车，于是再次试图尝试，但那辆车却一动不动地停在原地。

是什么让一个本来手无缚鸡之力的女性瞬间爆发出如此惊人的力量呢？答案自然是潜能。从医学方面解释，当一个人遇到紧急状态时，身体各方面机能便会处于应激状态，肾上腺会分泌出大量的激素，之后传到整个身体，从而产生无法估计的额外能量。而在日常生活中，这种力量并非只有在生死攸关的场合才能爆发，也并不是说这种潜能仅仅体现在体能上。有的研究显示，我们在生活、学习、工作中都蕴藏着巨大的潜力，若是仅仅发挥一半的大脑功能，便可以轻松掌握40种语言，背诵出整本的百科全书，拿到12个博士学位。如此说来，这些看上去有些天方夜谭的成就，其实也并不是那么遥不可及。

清朝时有个大学者名叫万斯同。他幼时既顽皮也不爱读书，他的顽劣引起了家人和亲朋的不满，大家对他百般指责。他怒不可遏，掀翻了家里的桌子，后来还被父亲锁在了屋子里。他感到既丢脸又生气，于是决心改变自己在别人心目中的形象。在闭门思过期间，他开始专心读书，仅一年的时间就参阅无数史籍。正是别人的羞辱和指责，对他产生了刺激，使得积聚在他身上的潜能迸发了出来。经过长期的勤学苦读，他终于成为学贯古今的大学者，参与了我国重要史书《二十四史》的编写工作，令世人刮目相看。

销售界的传奇人物乔・吉拉德也有着类似的经历。他曾经做过擦鞋童、报童、洗碗工、搬运工、火炉装配工等40多项工作。他出生在一个贫困的家庭，从小就遭受父亲的辱骂和邻居的歧视，而且他还口吃。很多人都觉得他必将一事无成，可他却暗下决心，用自己的实际行动证明他们是错的。

35岁是男人在事业上取得成就的最佳年龄，可他却在这一年破产了，并背负了6万美元的债务，在最困难时连顿饱饭都吃不上。人生的困境并没有使他气馁，他抖擞精神，找到了一份汽车销售员的工作，并在第一天就成功卖出了一辆汽车。他用预支的薪水，给家人买了丰盛的食物，并发誓再也不让家人为温饱而烦恼。

他凭着曾经积累下的宝贵经验和这股不屈不挠的劲头，迸发出惊人的销售潜能。他单靠一部电话、一支笔和几页电话簿，便在重兵集结的“汽车城”底特律杀出了一条血路。他在15年的汽车销售生涯中，一共卖出了13001辆汽车，而且全部是一对一地推销给个人客户的。他创下了汽车销售的世界吉尼斯纪录，被誉为“世界上最伟大的推销员”。而他所保持的12年平均每天销售6辆汽车的纪录，至今无人能破。

到底是什么让他取得了如此非凡的成就？是对自己能力的充分认可，是对成功的强烈渴望以及对目标永不放弃的追求。在这些要素的共同作用下，他展现出惊人的才能，爆发出常人所不及的力量。关于他的成功经验，后文还会有更加详细的阐述。

有人说，仰慕山的高度，只要挖掘自己的潜能，尽可以塑造生命的高度；惊叹海的深度，只要挖掘自己的潜能，尽可以开拓灵魂的深度。我们大可不必在自身以外的环境中，去苦苦寻找那成功的金钥匙，其实决定我们人生高度和深度的力量就在我们自己身上，唤醒它，你必将大有收获！

汶川大地震救援时，在汶川县映秀镇小学教学楼的一角，人们被眼前的一幕惊呆了：一个男子双臂紧紧搂着两个孩子，跪扑在废墟上，两个孩子还活着，这个男子却已经气绝多时。在生命危急时刻，一具血肉之躯抵住了无数飞石瓦砾，奇迹般地开启了他的学生生的希望之门。这是多么不可思议的力量！和他相比，我们都是一样的平凡人，你不好奇你是否也拥有一样的不可思议的爆发力吗？

2 潜能就是随时等待爆发的火山

古人云：厚积薄发，这并不是没有道理的。潜能就像是内心潜藏的一座蓄势待发的火山，内部滚热的岩浆时时在地底涌动，虽不时常喷发，却为等待喷发的那一刻蓄积了能量。

每个人的心里都有一座等待喷发的火山。无论你的地位高低，无论你的财富多少，无论你的知识渊博与否，无论你的年龄大小，随时都有可能因为心底潜藏的火山爆发，创造出自己都无法想象的奇迹。有梦想的人是幸福的，因为有梦想才会激发内心那座小火山，发挥自己的潜能，创造出使自己和别人惊艳的奇迹。

前些日子，我有幸被邀去参加朋友公司的一个半年业务峰会，亲耳听到了一个激励人心的感人事迹。这个励志故事讲的是一位70多岁的阿姨从无到有，从有到富有，从富有到博爱的精彩后半生。谢阿姨已是70多岁的人了，好多像她差不多年纪的，基本上过的都是在家颐养天年、逗弄儿孙的晚年生活。可她不，一个偶遇使她进入了某公司。当她的领导说：“谢阿姨，我们一起来做一个生意，这个生意会让我们的人生变得不一样。”谢阿姨听到这样一句话，觉得十分可笑和不可思议。谢阿姨笑着问：“我这样的年纪还想改变人生，还能做生意，你是在逗我玩吗？”领导真诚地告诉她：“为什么不能做，只要您敢于拼搏，愿意付出，努力坚持，您的人生就会被自己改变。”或许是领导的真诚触动了谢阿姨心底那座想要创造奇迹的小火山，谢阿姨真的像个刚刚工作的年轻人一样，每天都在学习和付出，别人只要一天能学会的东西，谢阿姨要比别人付出更多的时间和精力。就连吃饭、做家务的地方，都随处可见那一张张写满文字的小纸条。晚上困了，她就拿一根生辣椒，放到嘴里咬一口提提神，接着学习。谢阿姨的丈夫和几个女儿都认为她疯了，说她神经病，好好的生活不去享受，都那把年纪了还想什么做生意，改变人生，简直就是一个疯老太婆。家人的不理解、不支持并没有使她放弃。谢阿姨记住了领导的那句话，鞭策自己要拼搏、付出、坚持。因为相信自己，有一种坚持不懈的精神，她心底的火山就这样喷发出来了。从一开始一个月几千元的收入，到一个月几万元，再到后来的几十万元，家人才发现原来谢阿姨真的改变了人生。谢阿姨说，以前她的丈夫是一家之主，什么都是他说了算，当她拿着几十万元的薪水和公司的奖励回家时，丈夫开门迎接她，微笑着对她说，谢领导，您回来了，辛苦了。谢阿姨的二女儿也成了她聘请的司机。

不记得哪位文人曾一笔挥毫：三千越甲可吞吴的勾践，那是卧薪尝胆十年的复仇火焰在胸膛上燃烧爆发；百二秦关终属楚的项羽，那是破釜沉舟置之死地而后生所爆发的潜能促使将士们骁勇作战；景阳冈上空手打死白额虎的行者武松，也并非全是因为力大无穷，而是因为其内心的求生本能激发出庞大的力量并凝聚在了一双铁拳之上；怒拳暴打镇关西的鲁提辖，也并非单是因为郑屠夫的懦弱不堪，而是因为鲁提辖内心打抱不平的正义感促使其力量变得势不可当。总的来说，潜能就是一种大无畏的潜在力量，它能照亮你的心灵，使你披荆斩棘，无往而不胜。古往今来，贩夫走卒、达官贵人、帝王将相、庸碌之辈、能人异士、一国首相，但凡凭了一份热血激发了内心潜藏的小火山的人，又何惧风雨飘摇，又何愁没有似锦的前程。如谢阿姨，如勾践，如项羽，如武松，如鲁提辖……哪个不是唤醒了内心潜藏的小火山，才改变了自己，改写了自己的人生。

正所谓，潜能是逼出来的。当我们走投无路时，我们就会挺起我们坚实的胸膛，爆发我们内心潜藏的小火山。二万五千里长征的漫漫长路不算什么，红军不是照样穿着草鞋把它丈量；日军铜墙铁壁般的封锁线不算什么，贫瘠的南泥湾不是照样在人们的自力更生、艰苦奋斗之下，变成了陕北的小江南；国民党锐不可当的美式装备军队不算什么，人民解放军的“小米加步枪”依然能打得他们落花流水、哭爹喊娘；苏联的援华专家带走了所有正在改建的图纸，但我们中国人凭着自己的能力，“两弹一星”照样好好地升空。

世界第一潜能激励大师安东尼•罗宾有一门最著名的课程是走火大会。2005年，在新加坡，安东尼•罗宾的走火大会开始了，共有8000多个来自16个不同国家的不同肤色的人聚在一起，在签完《伤亡责任书》后，在场的每一个人都要脱掉鞋袜，然后赤脚从华氏一千二百多度、长达五米的火炭上走过去！抬眼望去，长龙似的队伍里有一位亚裔肤色的女孩，和队伍里的其他人一样，直冒冷汗，脸色苍白。谁能想到，此时她的脑海里一直想着那烤羊肉串的画面，耳中甚至响起了那烤羊肉串的“滋滋”声，身侧紧握的双手证明她内心有多紧张。马上就要轮到她了，她心下更紧张了，内心打起了退堂鼓。被誉为华人成功学权威的陈安之，站在她身后。当她回头对陈安之说“老师，我可不可以不走”时，陈安之只反问了一句：“你是中国人吗？是中国人的话就不要给中国人丢脸！”这话一说完，女孩倔强地仰起头，闭上眼睛，冲到了火道上……当她在别人的掌声呼唤声中睁开眼睛的时候，她早已走到了超过火道三米远的地方，但是历经烈火考验的脚下却一点感觉都没有。

不要担心自己会不会失败，不要犹豫不前地想东想西。要知道，任何事情成功与失败的概率都是一半对一半的。不要让所谓的客观因素成为否定成功的巨大隐患，甚至用放大镜放大百倍来看。要学会适当地忽略，放大自己的勇气，放大自己的潜能。成功百分之五十，失败百分之五十，如何让自己赢得成功，就要看自己内心做了何种决定。有些事情看起来很困难甚至是不可能的，但是当我们下定决心一定要做的时候，它就立刻变得很简单。不要不相信，因为事实的确是这样的。其实，我们的能力远远超出我们的想象，只不过我们的自我设限太多了，我们不敢想、不敢讲、不敢做，我们自己画个圈把自己给圈死了，当真是画地为牢了！所以要勇敢地对自己说：向不可能挑战！

与其羡慕别人，不如逼自己努力。给自己一份激情，就像是即将喷发的火山一样，内心蓄满了岩浆。同样地，你也可以让自己的内心蓄满能量，等待爆发的那一刻。

不要否定自己，要相信，你的内心深处还有一座不为你所知的小火山。发起对自己的挑战，激发它，而后爆发。

清朝戴震幼时诵读朱子的《大学章句》，与同私塾的其他儿童不同，他问《大学》是何时的书，朱子是何时的人。塾师笑着答曰：《大学》是周代的书，朱子是宋代的大儒。他又问身为宋代的人朱子如何能知道一千多年前著者的意思呢……在这一问一答中，戴震汲取了比书本上更多的知识，终成清代的大学问家。

3 了解自己天才的八大问句

纵观古今中外，大多数成功者，都是敢于去做别人不敢做的事，做别人不愿意做的事，做别人做不到的事！比如创建了阿里巴巴的马云，比如万科领头人王石，比如有经济时评“郎旋风”之称的郎咸平……也许他们在初时并不是什么佼佼者，可在日后的累积沉淀中他们越来越清楚自己要走的方向，一路走来，终成一片辉煌。现在的你，内心还在犹豫什么呢？犹豫只会让你愈发懒惰，愈发怯步不前，与其老时空悲叹，不如现在就行动。那就是发现自己内心深处那座潜藏的小火山，了解它，激发它。

“理解他人，了解自己”，一向是大家公认的最难的人生课题之一。撇开前面的四字箴言不说，就来说说后面的这四字箴言“了解自己”吧。不可否认的是：了解自己是这个世界上最大的难题之一。关于这一点，我想是不会有人质疑的。天天高喊着“理解万岁”，真能做到的也就寥寥几个罢了。大部分人都忙于揣度别人的心理，自己的小天地反倒是荒芜了、贫瘠了。

若说世界上百分之百的人都能拍着自己的胸口说：这个世界上，我最了解的人就是我自己，那么所谓的战争、所谓的争执、所谓的不公平也就销声匿迹了，哪里还会有世界大战的爆发呢？哪里还燃得起反恐狙击战呢？了解了自己，也就手持了一把开启成功大门的钥匙。当然，若了解自己是这么简单的话，哪里还会有成功学的培训存在呢，也许世界上最不缺的就是成功人士、富有人士、翩翩绅士……了解自己，首要也是从了解自己的天才所在开始。

当你习惯了追随别人成功的脚步，习惯了沿用别人成功的方程式，渐渐地忘记了自己本心想要坚持的方向，愈行愈远，内心那座潜藏的火山就会被蒙上厚厚的灰尘，以至于连自己都要忘记了它的存在。当务之急，便是深刻地挖掘自己的天才潜能所在。什么样的花，什么样的果，都归结于埋下了什么样的种子。不能说想要西瓜，却埋下丝瓜的种子，当然得不到西瓜了。古人云：吾日三省吾身。懂得自我反省的人，才会知道自己的症结所在，才会懂得什么时候弯下腰，什么时候抬起头。我们很多人为生活所迫，埋首于工作中时，失去了对自己精准的分析，也极少对人生进行理性地系统地梳理，以至于我们在那条不属于自己的路上走了很久，忘记了自己本来的路是什么，在哪里。我们可以通过安东尼·罗宾所介绍的八大天才问题，对自己进行一个系统性地审视。

了解自己天才的八大问句：

第一问句：我对哪八件事最能展现耐心？

第二问句：哪些事我做得比别人更快更好？

第三问句：哪些事让我废寝忘食、兴奋不已？

第四问句：别人最常称赞我的八件事是什么呢？

第五问句：哪八件事最能激励我、感动我？

第六问句：5 年后，哪八件事我会表现特别突出？

第七问句：我绝不能接受自己在哪八件事上退步？

第八问句：我认为我离开这个世界时，人们常怀念我的是哪八件事呢？

认认真真去做上述八大天才问题，你会发现自己的天才领域所在。顺着这八大天才问题，你能深刻地理清自己的脉络，认真思考一下人生的真谛。找到自己的天才领域在哪里，你才知道要怎么开拓自己，展示自己。不过这也需要建立在一个平衡的基础上，那就是需要了解自己内心深处潜藏的那座火山爆发的先决条件。这样你才能大展拳脚，施展抱负，不用担心杂七杂八的问题。毕竟人是矛盾的集合体，不消灭内心愤懑的小声音，你是无法专心投入思考这些问题的。这就需要你依据自身的需求，度量自己，审视自己，这样你才会知道内心那座潜藏的火山到底会喷发出多么不可思议的力量。了解并透视自己的天才领域所在，那绝对是必要的。任何事情的成功都是要有先决条件和基础的。

华盛顿大学曾邀请颇负盛名的世界巨富巴菲特和比尔·盖茨做演讲，当台下的学生们问"你们怎么变得比上帝还富有"时，巴菲特淡淡一笑答道：非常简单，原因并不在于智商。为什么聪明人会做出一些阻碍自己发挥全部才华的事情呢？原因在于习惯、性格和心态。关于这个回答，比尔·盖茨听后也是非常认可的。所以说，即使是世界上最成功的商人，也都那么重视习惯对人的影响。更何况，还在"路漫漫其修远兮，吾将上下而求索"道路上的我们呢？建立良好的习惯，实在是有百利而无一害的。人常言道：细节决定成败。很多事情的成功并不是一瞬间达成的，而是一朝一夕慢慢成就的。所以我很相信细节决定成败。毕竟，好的性格的养成并不是天生的，那是需要正确的引导和长时间的培养才能建立的，这也说明了习惯的重要性。

子曰："人一能之，己百之；人十能之，己千之。果能此道矣，虽愚必明，虽柔必强。"大家试想一下，是什么样的人才能别一能之，己百之；人十能之，己千之呢？那百分之百必定是在习惯上下了大功夫的人，而这也就是习惯的重要性所在。小时，老师循循善诱道：只要功夫深，铁杵磨成针。这世上最怕的就是"认真"二字了。要知道习惯的建立，从来都不是朝夕间就可以成就的事情。这期间，需要你的毅力与坚持。也许重重的困难，让你心生退意，但希望你能坚定自己的决心。通过追溯，你会慢慢地循着源头找到自己内心潜藏的那座火山的周期，从而获得对自身的一个了解，也会明白自己拥有着怎样过人的天才。

上述八大问句权当是给自己一个指引的小方向，认真沉下心来做这八大了解天才的问句，你会发现，自身拥有很多令你意想不到的惊喜；你会发现，自己原来拥有一股神奇而伟大的力量；你会发现，原来自己真的是天生我材必有用。

人生百事，宦海浮沉，红尘荡涤……这些不过是你来到尘世的一场修炼，关于自我成长的修炼。借此，你会了解自己归于何位置。

中国台湾著名的漫画家朱德庸，在25岁时就红透宝岛台湾。其所著的《双响炮》《涩女郎》在台湾为人们所喜爱，盛宠不衰，销量居高不下；在内地，他的漫画也是畅销得很。可是朱德庸小时候却是一个不为老师喜爱的“差生”，他的父母为此操透了心，伤透了脑筋，也经受了很多的白眼。纵是如此，他们也未曾给过朱德庸一丝压力，一直由他发展。如果现在的你还消沉不起，请不要失意，因为你还没找准自己的位置，是不是？

4 发现自己的天赋

世界上每朵花都有它盛开的理由，我们每个人来到世上，都有存在的价值，关键是发现并挖掘出自己的天赋，最大限度地发挥自己的长处。

一个人为做成某件事付出了很大的努力，可却还是没有成功，这并不意味着他无论做什么都将一事无成，而只能说明他在这方面缺少天赋。所以，一个人如果选择了自己不擅长的事情，等于是做了无用功，结果只能是徒增烦恼，以失败告终。但如果我们选择与自己天赋相关的工作，把自己的兴趣融入到工作当中，要想把工作做好可以说是轻而易举，何愁不能做得得心应手？

在巴黎一家有名的五星级大酒店，有一位不起眼的小厨师，他因为做不了上档次的大菜，平时只能给一些大厨们当下手。然而，他有一道甜点特别拿手，他可以把两个苹果制作合成一个苹果，不但可以使苹果看上去很饱满，而且还能制作得天衣无缝，更奇特的是，这个合成的大苹果居然没有苹果核，口感特别好。一位经常光顾这家酒店的女客人发现了这道特别的甜点，她特别欣赏这位小厨师的手艺。虽然每次来到酒店都只待上短短十来天，但这位女客人每次来都会指名点这道特别的甜点，无一例外。甚至有时她还会专门为了吃这道甜点而来到这家酒店。这家酒店每年都会裁掉一部分员工，在经济不景气时，还会加大裁员的规模，然而，这个小厨师从来都不会出现在被裁掉员工的名单里面。原来，那位经常光顾酒店的女客人是这家酒店最主要的客户，因为她爱吃那道特殊的甜点，这位既没有后台，又没有什么背景的小厨师，便成为了酒店不能缺少的成员。

在职场中，我们也许不是最优秀的那个员工，也许职位不是很高，然而只要我们是公司里任何人都不可以取代的角色，我们就一定可以得到领导的重视和赏识，为自己争取到晋升的机会。人人都有值得自己骄傲的地方，也许，在别人看来，自己这点小小的骄傲一点都不足以炫耀。不管别人怎么认为，我们都要始终保持自己的个性，因为，正是我们特有的个性，激励着我们在成功道路上奋勇向前。

一个人从降生的那一刻，命运就为他安排好了仅属于他自己的一个位置，这个位置就是他骨子里携带的天赋。命运在关上某扇门的同时一定打开了哪扇窗户，它对待世界上的每个人都是公平的。我们这一生中会遇到很多困难，这是命运给我们的考验，它就是一把双刃剑，如果我们努力去克服，我们就会更加优异；然而如果我们没有战胜困难的勇气，我们一生都会碌碌无为。那么，谁来帮我们找到自己的天赋呢？只能靠我们自己。仔细分析自己的生活经历，把自己擅长与不擅长的事情一一列举出来，经过长时间的深入分析，我们一定可以挖掘出自己的天赋。

也许我们都会经历一段令人苦恼的时光，在这段时光里，我们找不到自己的方向，不知道自己究竟想要做什么。但是，我们一定要尽快让自己摆脱这种状况。唯一的办法就是发现自己的天赋，找到自己的兴趣。只有发现了自己的天赋，我们才不至于为生活迷茫而不知所措，才能找到生活的目标，并做出一番成绩。伏尔泰和莫里哀之前从事的都是律师职业，但是他们都没有取得一定的成就，以失败告终，后来他们各自发现了自己的天赋，伏尔泰成为了法国著名的启蒙思想家，莫里哀成了杰出的文学家。

动物都有各自的本领，鸟儿可以飞翔，老虎生来牙齿就很锋利，兔子天生跑得快、弹跳力强，游泳是鱼儿与生俱来的强项……我们人类和动物一样，也有属于自己的天赋。这些天赋在我们很小的时候就已经表现出来了，但是随着我们慢慢长大，我们的天赋被遗忘了，以至于很多人本来可以成为非常优秀的兔子，然而却因为羡慕老虎的本领，最终会选择成为并不怎么成功甚至是完全失败的老虎。这样的现象屡见不鲜，也许这是社会原因造成的，但是如果我们知道了自己的天赋，并为之努力奋斗的话，得到的成就会远比追求别人的天赋要大得多。

千方百计地想要拥有别人的天赋，无异于南辕北辙，结果只会离自己的天赋越来越远，最终完全忘记了自己的优势。即使侥幸有所作为，但是内心还是会充满矛盾，不能真正获得快乐。所以，我们还是应该好好利用自己的天赋，不羡慕、不强求，就像花儿有各自的花期：寒冬腊月是用梅花装点世界的时候，阳春三月是桃花盛开的时节，烈日炎炎的夏季是荷花绽放的季节，夜来香只能在夜间开放，昙花绽放只有短短的三两个时辰……所以，我们一定不要勉强自己必须拥有别人的天赋，否则结果只能适得其反。

其实，我们每个人的天赋就像暂时隐藏于沙子里的金子，等待着值得拥有它的人去挖掘出来。只要我们不忘初心，找回本我，就一定可以发现自己的天赋，成功打开生活的希望之门。

激励了数以万计的人的世界级潜能开发专家安东尼·罗宾，打破教育训练界世界销售纪录的徐鹤宁，创造了连续 12 年平均每天销售出 6 辆汽车纪录的伟大推销员乔·吉拉德，他们都是化不可能为可能，化腐朽为神奇的佼佼者。更何况，身为 21 世纪的继承者和接班人的我们，有什么理由对自己说我不信、不可能呢？难道你不期待自己像他们一样成功吗？

5 激发自己另外的 95% 的潜能

研究表明，我们每个人平时所发挥的能力，仅占所有能力的 5%，还有 95% 的潜能没有被发挥出来，而我们人生成功与否的直接决定因素正是这未被发掘的 95%。即使像爱因斯坦这样的天才，也只是发挥了他全部潜能的 2%。这就意味着，作为普通人，我们身体的潜能也仅仅只是发挥了百分之零点几，甚至是百分之零点零几而已，所以，我们每个人都是一个潜力股，拥有无限的可能。

那么什么是潜能呢？它蕴藏在哪里呢？这要从我们的“潜意识”说起。科学家认为，我们的一般意识下面暗藏着一股秘密力量，这股力量就是我们人体的潜意识。潜意识是我们与生俱来但却被我们忘记使用的能力，这种能力就是我们的“潜能”。在我们的潜意识里，集合了我们人类能够总结出来的最适合生存的所有信息。所以，如果具备了挖掘这种生活本能的能力，几乎所有的困难都能克服，所有的愿望都可以实现。

有“世界第一潜能开发大师”称号的人生导师安东尼·罗宾，曾经是一个一穷二白的小伙子，我们可以想象他的生活有多糟糕，在他二十几岁的时候还住在面积只有10平方米的小房子里，没有专门的厨房，只能在浴缸里洗碗。不但如此，他与周围人的关系还很僵，几乎没有什么前途可言。后来，他慢慢找到了自己的潜能，从此生活状况大有起色，他为自己制订了一系列的梦想，令人惊奇的是，这些梦想在他潜能的不断发挥之下，竟然全部都实现了，他也一改之前颓废自卑的形象，成为一名积极乐观、充满自信的成功人士。由于激发了身体内的潜能给他带来了极大的成功，他曾经被邀请帮助一些国家首脑、企业老总、职业球队等个人或团体挖掘潜能，并带领他们成功摆脱困境，走出低迷状态。安东尼·罗宾的成功绝非偶然，他成功挖掘了自身的一些潜能，就如同火山喷发一般，一旦被激发，便喷薄而出，一发不可收。

在我们的本性中都会有一种潜意识的暗示，我们认为自己将来会成为什么样的人，就会朝着那方面去努力，最终成为我们认为的自己。

作为一名服装店的导购员，平时只要帮助顾客挑选出适合的服装，介绍一下店里当前的优惠活动，就可以很轻松地完成每天的工作任务，获得应有的报酬。然而一位叫作艾丽莎的女孩并不想自己永远只是一名服装导购，她更希望自己可以成为像店主那样既有经济头脑、充满智慧美，又举止典雅、充满气质的成功女性，举手投足间都能流露出优雅的韵味。再看经常光顾这家店的女顾客，每一位都气质不凡、雍容华贵，艾丽莎觉得自己就该成为像她们这样的处于上流社会的女人，所以，她潜意识里就要求自己努力地向她们学习，在做好自己本职工作的同时，她细心模仿店主平时的举止、语言和神态。功夫不负有心人，她逐渐培养了与店主一样的气质，得到了广大顾客的认可，店主放心地把这家服装店交给了艾丽莎去打理。

艾丽莎的成功完全是由于她潜意识的想法，我们称其为“潜意识成功法”。我们要勇于想象、善于想象，只有知道自己想成为哪种人，我们才会去朝着它奋斗。在不经意间，我们的潜意识给了我们前进的动力。一句话说得好，思想有多大，舞台就有多大。我们一定要敢想敢做，一定要坚信：我们本就不平凡！

那么，当你拥有了潜意识的想法之后，要怎样做才能把想法变为现实呢？我们可以按照艾丽莎的做法去行动。简单地说，就是模仿学习成功人士的言谈举止。当然，这种模仿并不局限于他们的外在穿着打扮方面，更重要的是学习成功人士内在的修养。我们首先应该收集一下成功人士都有什么样的共同之处，让自己具备一个成功人士所必需具备的品质。通过观察，我们发现，这些成功人士所具备的最基本的品质就是他们都善于挖掘自身的潜能。他们可以最大限度地发现人们的日常需求，并想方设法去满足这些需求，从而在与人方便的同时，达到自己的目的。

那么，我们怎样才可以挖掘出自己的潜能呢？我们要充分而全面地分析一下自身具备的诸如时间、知识、资金、体能等各个方面的资源，合理掌控和利用这些可贵的资源，把它们全都拿来为实现自己的理想服务。否则，这些资源要么就是白白浪费掉，要么就是成为“封锁”的囊中之物，我们也只能是平平庸庸、碌碌无为。

总的来说，学会沟通、提高沟通能力是我们实现自身资源合理利用，潜能得以成功开发的关键。这里的沟通，既包括我们自己与自己内心的对话，也包括自己与周围人的互动和交流。与自身沟通，我们可以获得内心的情绪体验；与周围人进行互动沟通，我们可以达到一定的社会和经济高度。我们可以把与自身沟通行之有效的方式和方法，运用在与周围人的沟通当中，这样我们既能够有效地调节自己，还能充分调动他们为自己的理想服务。激发自身的潜能最主要的就是找到适合自己的方式来充分发挥自己和带动别人。一个人生理方面的潜能是有限的，但在心理方面，我们的潜能是无限的。所以，有时候就该对自己狠一点，也许，逼迫自己一下，你就迈向了成功的彼岸！

大多数时候，我们常常会因为太过任性，不能严格要求自己而忽略了规划自己的人生，以至于终日浑浑噩噩、迷茫而不知所措，不知道如何继续走完剩下的路。因此，不要等到生活已经把你逼上绝路的时候，你才想起要挖掘自己的潜力。想要使潜能“物尽其用”“物有所值”，我们应该在最开始的时候就努力挖掘它，不致被逼无奈之时才想要绝地反击，这样只会使自己经历更大的磨难。

两家鞋厂各派了一名推销员去太平洋的某个岛屿上推销鞋子。两个推销员上岛后，没过多久，就发回了电报。一个发回的电报是：这岛上的人从不穿鞋子，根本就没市场，我马上就搭乘飞机回来。另一个发回的是：太好了！这个岛上的人都还没有鞋子穿，潜在市场很大，请速速发货过来。你看，面对同样的状况，一个人看到的是失望，一个人看到的是机遇。机会每个人都是有的，但许多人不知道他们碰到过它。或许眼下，你也正在错失或是已经错过了一个千载难逢的机遇。相比较，你想要做哪一个呢？

6 把握机遇，展示自我

机不可失，时不再来。机遇对我们来说，可遇不可求。有的人由于没有赶上对的时机，不能得到梦寐以求的机遇；有的人得到了机遇却不懂得珍惜，最后与机遇失之交臂。那些擅长抓住机遇的人，一定是一直有所准备的人，所以他们才能如大鹏展翅般，拥有锦绣前程。因此，想要把握机遇，首先我们应该为机遇的到来做好各项准备。

我们都知道守株待兔的故事，一次偶然的机会，那个种田人不劳而获，从此以后，他一直等着天上掉馅饼的好事。可是，日子一天天过去，他再也没有等到免费的午餐，地里的庄稼也随之荒废了。这则寓言告诉我们，不能一直只是等待机会的来临，一定要通过自己的努力来为自己创造机会。白日梦是不会解决现实的温饱的，画饼充饥更不能填饱肚子。

在北宋时期，浙江嘉兴以清香四溢的茶叶而闻名，全国买茶卖茶的商人都会选择来嘉兴做买卖。不远千里的山东茶商也纷纷赶赴嘉兴，其中有一位姓张的山东曹县商人在行程途中赶上了大雨，待他快马加鞭到达目的地的时候，茶叶早已全部被预订出去，这位茶商只能空手而归了。就在将要起程返回的时候，这位茶商发现城里有很多工匠都在忙着制作箩筐，经四处打听，商人得知这些箩筐原来是为方便茶叶运输而编制的，这时商人转念一想：如果我把整个嘉兴的箩筐全部收购了，再以高价卖给需要运输茶叶的人，那我这一趟也就不白跑了。但是这个想法却遭到了伙计们的强烈反对，但是商人执意如此。后来，由于曹县茶商垄断了全城的箩筐，预订茶叶的商贩们只能出高价才能够买到，曹县茶商毫不费力地赚到了一笔钱，轻轻松松满载而归。

曹县商人在这次交易中之所以大获全胜，最主要的原因还是他思维敏捷，善于发现商机，把握机遇。他这个聪明的举措可以说是一箭双雕：不但可以节省贩运茶叶的人力物力，还轻而易举赚到了一笔钱。如果当时因为错过收购茶叶的机会空手而归的话，曹县商人就必然错失良机了！

机会可以说是无时无刻不存在的，只是有的人拥有敏锐的洞察力，能够发现，而有的人不注意留心观察，以至于都不知道曾经碰到了机会并失去了它。有两家竞争非常激烈的鞋厂，他们各指派了一名销售人员同时到大西洋的一个岛屿开发市场。来到岛上，一名销售人员向公司反映情况：“简直太糟糕了！这个岛屿上的人们都不穿鞋，我这一趟算是白跑了，明天起程回去。”而另一名销售人员反映的情况则是：“太棒了！这个岛上的人们竟然都还没有开始穿鞋子，市场非常广阔，请及时把货发过来，我要在这个岛上长住一段时间！”果然，这家鞋厂的鞋子大卖，在激烈的竞争中，获得了胜利。同样是面对光脚的岛民，一个看到了“绝望”，另一个则看到了“机遇”。在机遇面前，人人都是平等的，如果抛弃了机遇，那只能是你自己的失误，怪不得任何人。可见机遇面前，我们必须有一颗善于发现的眼睛。

时间是一位智者，它教我们认识了很多，学会了很多。它教会我们成长，学会承担生活的重担，掌握人生的方向，活出精彩的自己。我们无法选择自己的出身和养育我们的父母，但是我们可以选择以何种方式去实现人生的价值；我们决定不了生命的长度，但是可以决定生命的质量。人生在世，我们从不追求风风火火，但求无愧于心。面对机遇，抓住机遇，就是我们对自己人生负责的最好证明。那么，我们目前需要做的就是：紧紧抓住学习的机遇，增长见识、提高修养；紧紧抓住工作的机遇，得到赏识、大展宏图。当然，抓住了机遇还远远不够，还要充分地向社会展示出你自己。千里马只有展示了自己日行千里的本领，才能得到伯乐的赏识。否则，纵使你才华横溢，也只会无人问津。如今社会，物欲横流，出现了不少一夜成名、一夜暴富的人，但我们一定要坚信：一分耕耘，一分收获。努力就一定有收获，付出就会有回报！

机遇永远青睐那些有准备的人，当然，仅做好了准备迎接机遇是不够的，还要学会追求。在大多数情况下，通常都是人放弃了机会，而不是人被机会抛弃了。我们想要在机遇来临时好好把握，就一定要拿出实际行动，用勤劳的双手紧紧抓住机遇，不致失去良机。只有抓住机遇，我们才能充分展示自己的才华。

有人说，上帝在每个人出生的时候，都会赠与他五颗钻石，每颗钻石都可以兑换二十枚金币，每一枚金币又能兑换成三百六十五个银币，每一个银币都价值二十四个铜币，而一个铜币等于一小时。一个铜币，在我们庞大的财富面前是何等的渺小，所以，我们从来都不懂得珍惜。可是如果有一天，上帝收回了他的馈赠，只留给我们一枚银币呢？

7 如果今天是生命中的最后一天

清晨，闹钟不知疲倦地“唱起歌”，我们总会习惯性地摁住它，并告诉自己：“再睡十分钟，我就再睡十分钟”，十分钟而已，我浪费得起。什么？今天要晨练？我自己订的计划？外面的风好大，算了，明天再说吧。

上午，当我们打开电脑准备写论文的时候，总有些心不在焉，QQ还没挂上，邮件还没查收，同学昨天推荐的连衣裙还没买，想看的电影还没看，好吧，论文什么的，见鬼去吧，明天再写。

日常生活中，我们总是非常自然、非常潇洒地将许多事情都推给“明天”，这些事情也许很重要，也许微不足道，也许只是我们的一时兴起，也许早就打上了“加急”的标签，可那又有什么关系呢？我们是如此的“富有”，我们坐拥着无数的“明天”，不是吗？

明日复明日，明日何其多。我生待明日，万事成蹉跎。我们每天都过着“朝看水东流，暮看日西坠”的逍遥日子，但，如果我们的生命仅剩下最后一天，我们的世界中再也没有“明日”，我们又该如何自处？

坐拥五颗钻石，百年光阴的我们自然不会为了一个铜币和自己斤斤计较，但当我们的钻石丢失，我们全部的家当仅仅只剩下一个银币的时候，我们还会舍得一个铜币吗？

一枚银币 = 二十四枚铜币 = 二十四小时 = 一天

二十四个，是的，我们就只有二十四个铜币了，二十四个，你还能浪费吗？

二十四个铜币实在是太少了，而我们需要“购买”的东西却太多！铜币不可挽留，命运的巨轮一个又一个陆续地将它们夺走，即便我们什么都不做，铜币自己也会慢慢地消失，就像时间，逝去的时间，我们永不可追。

二十四个小时，我们能做什么？懊悔自己以前的“挥霍无度”？不，那没有意义！时间是如此的紧迫，我们却陡然发现生命中的遗憾不知凡几，好多好多重要的事情还没有做！

抓紧时间！对！抓紧时间做最重要的事情！每一分、每一秒都牢牢抓住，因为它们是如此的珍贵！

最后的一天，最后的财富，我们已无法将它存入银行，因为我们没有明天，我们无法在明日取用。

明天会发生什么，我们已没有权利去知道，我们唯一的权利，便是将今天经营好！

假如生命只剩下最后一天，谁还会去浪费时间，谁还会百无聊赖，谁还会觉得人生苦短，谁还有心情去伤春悲秋，谁还有兴致去睡懒觉？QQ、电影、邮件、连衣裙，那是什么东西？

“每天都是生命中的最后一天，请明智地规划你的时间，警觉地防范它的无意义流失，如此将为你的生活带来丰富的收获。”美国著名销售大师、《与你在巅峰相会》的作者金克拉曾经这样说过。世界首富，微软帝国掌门人比尔·盖茨也告诉我们：“要成功就得全力以赴，把每天都当作生命中的最后一天，全身心地投入你所做的事情之中。”

生命只有一次，成功也不可复制，与其将所有的希望都寄托于不属于我们的明日，倒不如开开心心，了无遗憾地活好自己的“最后一天”。

狮妈妈对小狮子说：“如果你不尽力去追赶羚羊，明天你就会饿死。”

羊妈妈对小羚羊说：“如果你不竭尽全力去逃避狮子，今天就是你的最后一天。”

“最后一天”的威胁激发了小羚羊的潜能，它逃脱了狮子的追捕。

激发潜能的方法有很多，危机感和紧迫感无疑是很好的一种，当然，这并不是最有效的，最有效的方法叫作——竭尽全力。

乔·吉拉德就从来都不会去考虑明天会如何，现实本就是一种永恒，未来充满了未知，所以，他会把每一天都当作最后一天，竭尽全力做到最好。

如果，你明天就要死去，你还会在乎别人的白眼吗？你还会在乎几句讥讽吗？不会！因为你没那个闲情，也没那个时间。

15 年的时间，乔·吉拉德卖出了 13001 辆雪佛兰汽车，这样的神话迄今为止仍然无人打破。因为珍惜时间，他每时每刻都在磨炼自己的技巧，都在推销自己的汽车，他的名片满天飞，他把每一个人都定位为他的顾客，他用诚实和微笑征服了每一个顾客的心。他竭尽全力了，他把每一天都当作生命的终点，所以，他取得了辉煌的成功。

生命到底有多长，这掌握在上帝手中，我们无法决定，但生命到底有多深，生命到底有多宽，却掌握在我们自己手中，我们是自己的主宰者！

如果今天是生命中的最后一天，我们又怎能让自己留下遗憾，不是吗？

Chapter 2

梦想有多大，成就就有多大，心有多大，世界就有多大；井底的青蛙守望的永远都是一寸的蓝天，因为它从来都不敢也不愿去想象天空的广大。

1983年，一个男人震惊了整个世界，他的名字叫作伯森·汉姆，他徒手攀登了纽约帝国大厦，创造了属于自己的吉尼斯世界纪录，赢得了“蜘蛛人”的美誉。一束又一束的镁光灯在他身上聚焦，人们为他的勇敢与胆魄惊叹不已。然而，当所有人都认为高度对他而言只是一种装饰的时候，他却告诉世界：“我是一个恐高症患者！”

1 战胜恐惧，树立成功的梦想

“蜘蛛人”居然是一个恐高症病人？！这样的真相是何等的不可思议！

“请问您究竟是怎样做到的？”“您的恐高症痊愈了？”“您攀登帝国大厦的时候已经不再恐惧？”“您成功的秘诀是什么？”……无论是媒体还是公众，都有太多的问题需要被解答，人们想要知道，伯森·汉姆凭什么成功。

“我害怕300多米高的大厦，但我并不恐惧一步的高度。所以，我战胜的只是无数个‘一步’而已。”伯森·汉姆的回答干练而深刻。

是啊，帝国大厦固然令人恐惧，一步的距离却不足以让人退却，有的时候，成功便是如此的简单。

恐高症患者有很多，没有恐高症的人更多，然而，为什么成为“蜘蛛人”的却偏偏是伯森·汉姆呢？无他，面对恐惧，面对困难，面对绝境，许多人选择了规避，选择了绕道，选择了做一只将头埋在沙堆中的鸵鸟，而伯森·汉姆没有。他选择了战胜恐惧，他给了自己一个成功的梦，即使这个梦看起来似乎是那样的遥不可及。

伯森·汉姆成功了，因为他战胜了内心的恐惧，有效地激发了自己的潜能，其他人呢？

大千世界，纷繁芜杂，生存在这个世界上，我们总会在不经意间遭遇这样或那样的困难，人生不如意事十之八九，这并不是一句空话。困难是如此的令人懊恼，问题是那样的令人绝望，趋利避害是一种天性。所以，在困难和问题面前，太多的人望而却步，哪怕他们明明知道困难的背后就是一条通向成功的康庄大道。

或许，在很多人眼中，成功永远都是一个氤氲着神秘和高贵的字眼，成功并不属于凡人，成功是成功者的专利。然而，事实上，成功者在蜕变之前也不过是凡人，而他们之所以能够蜕变，正是因为他们选择了一条别人很少选择的路，因为他们敢于去做梦，敢于去期待，敢于去揭开成功身上那看似神秘的面纱。

1930 年 3 月，一个身高仅有 145 厘米的年轻胖子有些忐忑地走进了明治保险公司的大厅，他的怀中揣着自己的简历，他想要找一份工作，他期待成为一名销售员，有一份稳定的收入和平和的生活。然而，主考官的一句话却仿佛兜头冷水一般让他绝望。

“你不是干销售的料。”主考官冷笑着对胖子说。胖子不服气，别人能做到的为什么自己做不到，我的人生岂能因为一句话而被否定。于是，激愤的胖子向主考官许诺：“我也能每月完成一万日元。”一万日元，正是明治保险公司每一个销售员每月的任务量。

就这样，胖子进了保险公司，没有酬劳，没有职位，所有人都嘲笑他，等着看他笑话。他已经穷得叮当响，没有钱坐公车，没有钱租房子，甚至连吃饭都成了问题，然而，一切因困境产生的恐惧都没有将他压倒，他依旧微笑着面对身边的每一个人，依旧百折不挠地推销着似乎怎么都卖不出去的保险。因为，他心中有一个梦，他想成功，他想让别人知道“他是干销售的料”。

就凭着这份不屈不挠的精神，胖子克服了旁人无法想象的困难，发挥了连自己都无法想象的能量，九个月的时间，他的销售业绩无限接近十七万日元，每月一万日元的目标早就已经被他超越！再没有谁瞧不起他，公司所有人都对他刮目相看。

而他，不是别人，正是创造了日本销售神话的销售大师——原一平。

执着无畏的性格，敢想敢做的秉性，让原一平战胜了成功路上的种种困难与恐惧，最终在所有人都不看好他的情况下创造了不可思议的奇迹。

为什么？因为原一平敢做梦，敢去期待成功，没有谁能阻挡他走向成功的路！

上帝是公平的，它赐予了所有生命成功的可能，只是有的人勇于去抓住机会，并在成功的压力下激发了自身无限的潜能，所以，他们成功了。而有的人，却甘于庸碌，对困难充满恐惧，连成功的梦都不敢做，于是，他们心中的雄狮永远都不可能觉醒，又何谈成功？

泰山很高，人类很矮，但征服了泰山的恰恰是人类，因为人类手中有火药，有锄头；长堤很大，蚂蚁很小，但使长堤崩溃了的却恰恰是蚂蚁，因为蚂蚁能够制造太多的蚁穴。这个世界上，从来都没有什么不可能，从来都没有谁注定就要站在巅峰、金字塔顶。所以，即使我们真的很渺小，但依旧没有卑微的理由，相信自己，只要你敢于去做梦，敢于去为成功的梦想拼搏，你体内沉睡的雄狮就会苏醒，发出震天的咆哮，并载着你走向成功的彼岸。

两百年前，像鸟儿一样在天空中自由翱翔在人类看来是那样的不可思议，现在呢，飞机已经成为了普通的交通工具，飞天再也不是梦想；一百年前，“千里传音”对人类来说是那样的神奇，而现在，电话和网络让世界没有了距离……事实上，从来都没有什么事情是做不到的，如果说欠缺，欠缺的恰恰是那些不敢想的人！

2 只有不敢想的，没有做不到的

永远不要小看自己，永远不要低估自己的潜能，因为它是那样的庞大与不可思议。

世界上原本没有飞机，因为人们想像鸟儿一样纵意蓝天，所以，飞机出现了；

世界上原本没有汽车，因为人们想像马儿一样日行千里，所以，汽车出现了；

世界上原本没有轮船，因为人们想像鱼儿一样逍遥大海，所以，轮船出现了；

世界上原本没有……因为人们想……

没有什么比“想”更能赋予人们动力，没有什么比“想”更能激发人的潜能，没有什么比“想”更能引导人类进步。

“想”是一种思维，“想”是一股意念，“想”是一份希冀，“想”更是一种境界。

日常生活中，我们常常在嘲笑别人“白日做梦”，因为他想一周内赚到一百万元，因为他想自己动手组装一艘游轮，因为他想一年内搬走一座山……这可能吗？太不自量力了！疯子！没有理智的疯子！傻子！异想天开的傻子！他肯定还没有睡醒……然而，事实真的如此吗？真的不可能吗？真的是妄想吗？

17岁的李东看上去其貌不扬，他的个子不高，人长得也不帅气，在诸多的留法学生中他根本就不起眼，生活的拮据甚至一度让他面临着断粮的尴尬。然而，就是这样平凡的他却放出了要一周内赚一百万法郎的豪言。

所有人都认为他是“穷疯了”，是在“说胡话”，面对种种质疑，李东却坦然微笑。

在一周的时间内，他跑遍了巴黎所有的时装公司，找遍了能够见到的所有时装设计师，为的便是推销他的“李东时装”。

起初，并没有什么公司理会他，但是功夫不负有心人，在忙忙碌碌地跑了五天之后，终于有一个时装公司接受了他的时装设想，买下了他的创意，于是，李东的账户中陡然多了一百万法郎的巨款。

李东成功了，在他成功之前，谁能想象得到结果会是这样呢？

梦想有多大，成就就有多大，心有多大，世界就有多大；井底的青蛙守望的永远都是一寸的蓝天，因为它从来都不敢也不愿去想象天空的广大；茧中的蚕蛹眼中永远都不会有色彩，因为它从来都不敢也不愿去想象蛹外的五彩缤纷；自甘平凡的人永远都不会去期待成功，因为他从来都不敢也不愿去想象金字塔巅峰的灿烂。

困难有很多，但办法却更多，成功的路上如果有一千只拦路虎，那么肯定就会有一千零一个武松，决定一个人能否成功的关键绝对不是能不能打倒老虎，而是敢不敢去打倒老虎，如果我们敢，遍地都是“武松”！

“做不到”这三个字永远都不可能出现在成功者的字典里，在那人人艳羡的煊赫背后，“想不到”才是最令人恐惧的梦魇。

激发潜能的方法有很多，左右潜能发挥的因素也有很多，但不可否认的是，“想”始终都是最关键的那一个。

1952年，日本陷入经济危机的狂潮之中无法自拔，市场的低迷让无数日本企业家感到绝望，破产的企业不知凡几，即便是东芝公司这样的家电业巨头也同样面临着滞销的困境，公司仓库中囤积的大批电风扇让东芝上下都心急如焚，销售部的员工废寝忘食地思索良策，然而效果却并不能尽如人意。

在这样的时刻，赢利什么的早就成为了奢望，只要能够把存货卖出去，人们就要虔诚地感谢天照大神了。

然而，并不是所有人都如此的悲观，东芝的一个小职员“胆大包天”地向公司提出了一个匪夷所思的建议：改变下一季的电风扇生产计划，打破电风扇领域的“黑色”梦魇，生产一批彩色的电风扇。

20世纪50年代，世界上所有的电风扇都是黑色的，改变电风扇的颜色，这是多么“疯狂”的想法啊！没有谁看好东芝这次离经叛道般的疯狂，然而，事实证明，东芝的“疯狂”是正确的，彩色电风扇一经问世，就引爆了无数消费者的热情，东芝的仓库里再也见不到一件存货，公司的赢利再创新高。

这就是销售界最著名的东芝电扇营销。

如果没有那个员工“疯狂”的想法，如果没有那个员工大胆的设想，如果没有东芝公司的离经叛道，也许，现在我们面对的还会是黑色电风扇吧。

每一个人的成功都不是偶然，每一个公司的崛起也都不是运气。大千世界，芸芸众生，为什么有的人会成功，有的人却永远都走不出失败的泥沼？很简单，因为失败的人、平庸的人，他们没有“想”的勇气！

“想”，是放飞潜能的翅膀，“想”是驶向成功的航船，“想”是迸发无限可能的基础，“想”让这个世界变得分外精彩。

所以，不要迟疑，不要犹豫，不要心存胆怯，不要自我束缚，冲破藩篱，勇敢地去想，你就会发现，没有办不到的事情，没有达不到的目标，没有收获不了的成功，只要，你敢想！

如果有人告诉你，只要你想拥有一辆劳斯莱斯，你就会拥有，你信吗？如果有人告诉你，只要你想拥有一栋自己的海景别墅，你就会拥有，你信吗？如果有人告诉你，只要你想成为亿万富翁，财富就会降临你的身边，你信吗？如果有人告诉你，只要你想站在巅峰，你就会被世人仰望，你信吗？

3 吸引力法则——无中生有，借力使力

“不信！谁信谁是傻子！”“天上不可能掉馅饼，只会掉陷阱”“世界上没有白吃的午餐”……虽然没有真真切切地听到，但可以想象，你肯定在心底激烈地反驳着。想要车就有车？想要别墅就有别墅？这听起来多么假，三岁的小孩都不会相信！但我必须告诉你一点：这的确是真的！

是的，是真的，毋庸置疑！心想事成，梦想成真，这不是什么天方夜谭，想什么来什么也不是白日做梦。因为这个世界上还有一个秘密，还有一种神奇的力量，叫作吸引力法则。

吸引力法则，还有个小名叫作引力定律，它在宇宙中盛名煊赫，没有任何事物能脱离它的影响。诚如现代量子力学给出的观点一样，世间万物皆是由能量构成，任何事物都有着自己独一无二的振动频率，相似或相近的频率之间更容易引起亲近和共鸣。我们常说的同频共振、同质相吸就是这个道理。

正能量吸引的永远都是正能量，负能量吸引的总归还是负能量，积极的情感吸

引积极的现实，消极的想法则吸引消极的回应。

假如你想要一辆汽车，劳斯莱斯、玛莎拉蒂、阿斯顿—马丁、法拉利、宾利……无论是什么品牌，什么颜色，什么车型，都可以。只要你想，你想要它，你告诉自己你已经得到了它，天天想，不断地想，将它当作最真实的事情来想。想着想着，你的脑海中就会生成一种越来越强烈的频率，这种频率会被宇宙接收，宇宙接收到这种频率之后会给你以反馈，如果它反馈回来的信息是“好”，如果它认为你发出的梦想频率与现实频率契合度很高，那么，你的车很快就会出现在你的身边。

这是无稽之谈吗？是在宣扬迷信理论吗？不！宇宙是神奇的，吸引力法则也是神奇的，如果你不信，其实大可以自己试试。

当然了，吸引力法则也不是万能的，心想事成也好，美梦成真也罢，都需要一个前提，那就是你要去“想”，要去“梦”，要坚定不移地相信自己所“想”所“梦”的东西能够变成现实，这样你的“想”和“梦”所散发的频率才能与现实更加一致。如果你自己本身就不相信自己会拥有，根本就不相信梦想可以成真，那么，你的梦想便不会成真。这就是神奇的吸引力法则，有一种心诚则灵的意味。

天上的确没有掉馅饼的事情发生，任何梦想的实现都需要辅助的手段，譬如说行动。

其实，天天想，不断地想，想什么来什么要的是一种感觉，培养的也是一种感觉，依循着这种感觉去做事，去行动，去努力，梦想成真便不只是一种妄想。

“要改变你的状况，就首先要改变你的想法。”励志圣经《秘密》中有这样一句话，它为吸引力法则做了最好的注解。

心想事成，因为“心想”，所以才会“事成”，先有“心想”，其后才有“事成”，不是吗？

销售大师原一平在初出道的时候，同样遭遇过失败，遭遇过无数的冷眼和嘲讽，让他走过人生低谷，迎来璀璨成功的秘诀，正是：想。

原一平天天都在想，想成为世界上最伟大的销售员，每天早晨和晚上，他都会将这种想法在脑中重复好些次。他想象着自己已经是最伟大的销售员了，想象着自己受到瞩目，想象着成为“伟人”之后的一切美好。渐渐地，他有一种感觉，感觉一切都是真的，自己就是最伟大的销售员。每当面对客户的时候，他都会遵循着这种感觉，做“最伟大的销售员”该做的事情，表现出“最伟大的销售员”应有的水准。于是，多年之后，他真的成为了世界上最伟大的销售员。

“想”是一种十分奇特的力量，“想”能迸发一种十分神妙的频率，“想”的频率会激发无限的潜能，造就不可思议的奇迹。没有哪一个成功的人不曾掌握“想”的力量，也没有哪一个成功的人可以不经历“想”便直接收获现实中的成功。因为“想”本身就是成功的源动力。没有“想”，怎么会有行动？没有“想”，怎么会生出频率？没有频率，现实又怎会共振？

著名成功学大师拿破仑·希尔在他的著作《思考致富》中曾经这样说过：“此前我从未对金钱产生如此大的兴趣，后来我对如何过上精彩而自由的人生产生了更大兴趣。”这句话激励了许多人，成就了许多人，因为从这句话中人们了解了吸引力法则的魅力！

还是那句话，想要改变自己的状况，就先要改变自己的想法，调整由想法发出的“频率信号”，只要“信号”契合了现实，与现实产生了共振，心想事成、梦想成真，自然就是一件水到渠成的事情。

如果你的梦想是成为一名农夫，那你的头上永远都不可能出现大亨的标签；如果你的梦想是称霸池塘，那么你的脑海中永远都不会有大海的概念；如果你的梦想是芬芳一夏，那么你的双眼便永远都看不到万里雪飘的胜景……梦想有多大，舞台就有多大，不要害怕做梦，我们需要舞台，越大越好。

4 你的结果不会超过你的梦想

愚公移山的故事，我们从小听到大，每一个细节都耳熟能详，我们佩服愚公的坚韧，佩服愚公的勤劳，佩服愚公的勇敢，佩服愚公的进取，但，也许是有意，又或者是无意，我们却把最关键的东西忽略了。

其实，无论是坚韧也好、勤劳也好、勇敢也好、进取也罢，愚公的行动实质上都围绕着一个核心在运转，那就是——梦想。

愚公移山的梦想，才是我们最应该佩服与借鉴的！

在社会生产力水平十分低下的古代，身为一个平凡的山民，移山这样的梦想对于愚公来说无异于天方夜谭，太荒诞、太疯狂、太自不量力了。然而，也正是因为这个梦想足够的浩大，足够的宏伟，足够不可思议，愚公骨子里的潜能才会彻底地爆发，他移山的决心才会“固不可彻”，以至于令操蛇之神都惊惧不已，奉告天帝，将山挪走。

“子子孙孙无穷匮也，而山不加增，何苦而不平？”愚公就是用这样平实的话语来表达着自己的决心，来经营着自己的舞台，来诠释着梦想的真谛。

一个没有梦想的人永远都不可能成功，一个梦想很小的人永远都不可能获得大成功，而一个怀揣着伟大梦想的人，才是成功真正的宠儿。

或许，在很多人的眼中，成功非常神秘，成功不可预期，然而事实上，能否成功，成就多大，在我们的梦想定格的时候就已经注定。

不想当将军的士兵不是好士兵，伟大的梦想铸就伟大的成功。

西点军校是世界上最著名的陆军军官学院，声名赫赫，在许多人印象中西点都是严肃的，但在西点的毕业考核项目中却有一项非常有意思——将学生放进旷野中一个内壁无比光滑、高四米的金属圆桶内，给他一夜的时间，自己爬出来。爬不出来就会受到用泥土“活埋”半身的惩罚。

这项测试太难了，即便是在人才济济的西点军校，历年来也根本无人能够完成，直到一个年轻人出现。

这个年轻人从小就有一个梦想，那就是成为将军中的将军——五星上将。为了实现这个梦想，他不断拼搏，不断努力，没有什么能够将他打倒。当他进入圆桶之后，同样一筹莫展，然而他却没有放弃，当“惩罚”来临时，他巧妙地将洞口扔下来的泥土堆成了一个高高的土堆，并踩着土堆，爬出了圆桶。结果，当年他以 98.14 分的总平均分从西点毕业，后来，他如愿以偿，成为了美国历史上最著名的五星上将，他，正是道格拉斯·麦克阿瑟。

麦克阿瑟的梦想很大，从一开始他瞄准的便是五星上将的头衔，也正因为如此，他才屡创奇迹，试想，如果麦克阿瑟的梦想只是成为一名合格的士兵，他的光芒还会如此耀眼吗?

梦想越大，实现梦想所需要的能力就越强，需要的能力越强，给人的压力和动力也就越大，而动力越大，被挖掘的潜能自然也就越多。

人都是有惰性的，无用功谁都不愿意做。如果实现梦想的成本是 1，那么为了实现梦想而被开发的潜能也将是 1，梦想实现后的成就也不会超过 1，同样地，如果实现梦想的成本是 10000，那么为了实现梦想而被发掘的潜能也将是 10000，梦想实现后的成就也将不低于 10000。听上去，两者似乎没有什么不同，但成本为 1 的梦想，你可以随便放弃，而成本为10000的梦想你能够随便放弃吗？损失一块钱，很少有人去在意，但，若是损失了一万块钱，又有多少人不在意？

惰性谁都有，成功的道路上失败也难以避免，促使我们不断前进的却往往是高昂的“成本”，毕竟，一万和一不一样，我们舍不得！

成为全日本销售界的No.1，一直以来都是原一平的梦想，为了这个宏伟的梦想，他吃了无数的苦，遭遇了无数的挫折，同事的嘲笑、生活的窘迫、朋友的不解……一切的一切都无法让他动摇，为了实现自己的梦想，他花费了比别人多三倍的时间去了解销售技巧，他不厌其烦地去反躬自省，他不断地去磨炼自己的口才，去分析消费者的心理……梦想，促使着他一步步前行，终于，上帝用神话回报了他，连续十五年蝉联日本销售冠军的惊人业绩让他的名字震撼了这个世界。

成功的舞台以梦想为基，梦想越大，舞台越大，成功也就越大，燕雀不能类比鸿鹄，放飞的梦想，是开发潜能的金钥匙，无限的潜能，代表着成功的无限可能，所以，让谨小慎微见鬼去吧，所以，让梦想飞！

很久很久以前，世界的东方有一片森林，森林中有一座高九万米的白塔，森林中所有的动物都把爬上白塔顶端当作最耀眼的成功。这一天，猴子、苍鹰和蜗牛一起来到了白塔前，猴子对登顶并不抱什么希望，爬了两千米之后，感觉很累的它毫不犹豫地放弃了。苍鹰认为凭着自己翱翔九天的优势，还是有很大希望登顶的，它扑扇着翅膀不断向上飞，可是越往上，罡风越猛烈，飞到四万米的时候，苍鹰放弃了。而蜗牛，它一直坚定地相信自己肯定能登顶，罡风和劳累无法阻挡它的脚步，所以，它成了第一个登上白塔塔顶的动物。

5 你渴望的程度与你的能力成正比

猴子是森林中最善于攀爬的动物，苍鹰是天空当之无愧的宠儿，蜗牛的行动缓慢同样举世公认，然而，最后超越自我，超越极限，取得最耀眼成功的不是猴子，也不是苍鹰，恰恰是最没有优势的蜗牛。

为什么？原因很简单，因为渴望！对成功的渴望！对登顶的渴望！

猴子对登临白塔这件事，并不抱什么希望，潜意识里，它已经将登顶视作了一种不可能，既然不可能，又何必费劲地去攀爬，它的成功期望值太低，它对成功缺乏必要的渴望，所以，它早早地就放弃了。

而苍鹰，它对成功的渴望明显是大于猴子的，它认为自己还是有可能成功的，所以，它努力地飞翔了四万米，只不过，它的成功期望值还不够高，当罡风的猛烈超出它的预期时，它也放弃了。

再说蜗牛，它的自身条件或许不是最好的，但它对成功的渴望却是最炽烈的，它的成功期望值是百分之百，所以，它成功的可能也是百分之百。

在现实生活中，“白塔”其实无处不在，想要登临“白塔”的人也不知凡几，然而，真正能做“蜗牛”的又有几人呢?

渴望有几分，努力也就有几分，渴望有多大，成功的可能就有多大。

影响成功的因素有很多，机遇、运气、个人素质、外部环境等等不一而足，然而，在这诸多的因素中，成功期望值无疑是很重要很关键的一个。

成功期望值，顾名思义，便是一个人对成功所抱有的希望值，是一个人对成功的渴望程度。成功期望值与成功之间往往是成正比的，成功期望值越高，一个人为了成功所付出的主观努力也就越大，主观努力越大，成功的机会也就越大。

“志不强则智不达”“世上无难事，只怕有心人”，成功并不神秘，成功并不遥远，只要你对成功充满渴望，只要你肯为这份渴望付出百分之一百二十的努力，你就会发现，原来自己的身体中竟然蕴藏着如此巨大的潜能，你就会发现原来之前所有的“做不到”不过是因为我们不想去做到，也不认为能做到罢了。

川妹子李芳洲在中国也算得上是一个小名人，听过她故事的人都会为这位盲人女医生的努力和执着感动不已。失去光明的双目，弯曲畸形的左腿，让李芳洲的生命充满了苦难。然而苦难没有让她退缩，对成功强烈的渴望充满了她的整个心灵，因为这份渴望，她努力地学习按摩，像一块干涸的海绵一般疯狂地吸收“养分”，以深入掌握各种医学知识，事实证明，她的努力得到了报偿。

不要怀疑自己的能力，不要给自己寻找借口，不要堂皇地直言自己“不会做”“做不到”，如果你这么说了，只能代表着你对成功的渴望还不够!

或许，这个世界上真的有极少数的人天赋异禀，但绝大多数的人都是普通的。没有卓越的天赋，并不代表我们没有能力，不能成功。能力从来都不等于天赋，决定能力的永远是你的努力程度，而决定你努力程度的则是对成功的期望值。

乔·吉拉德，一个创造了世界汽车销售神话的男人，一个营销大师，他从凡人向“神”的蜕变史被许多人视为传奇。而缔造了这段传奇的正是他对成功无比强烈的渴盼与期许。

乔·吉拉德希望成功，他也坚信自己一定会成功，他就是推销界的“蜗牛”，缓慢而坚定地爬向自己的“白塔”，并最终傲然地屹立巅峰。乔·吉拉德的成功期望值是一百，他从来都没有想过自己会不成功，因为渴望是如此的强烈，所以他付出了双倍甚至是十倍于旁人的努力。

乔·吉拉德有一个习惯，那就是每个月都给自己的所有客户寄一张贺卡，贺卡并不昂贵，但寥寥几句温馨的祝福却令人愉快。乔·吉拉德就是这样用一张张小小的贺卡虏获了客户的心。或许他的客户目前只是有着购车的欲望，却没有购车的打算，但那又有什么关系呢，哪怕客户要在二十年后才决定购买一辆车，那依旧是乔·吉拉德的业绩，因为，他的客户肯定会买他的车！

成功有的时候距离我们似乎非常的遥远，但有的时候却又近在咫尺，区别就在于我们的心。

心距离成功越近，心中对成功的渴望就越强烈，不可思议的潜力就会在我们的身上迸发，就像乔·吉拉德，他每个月需要邮寄的贺卡数量超过一万，并且，这个数字还在随着业务的拓展而不断增加，然而，他却坚持了下来，每个月如一日不厌其烦，这样的努力，这样的付出，这样的潜能大爆发，如果还与成功失之交臂，那么这个世界上还有谁能够真正的成功？

巍峨是高山的成功，浩渺是大海的成功，芬芳是花儿的成功，飘逸是风儿的成功，万事万物都有着自己的成功，我们也不例外。所以，没有必要去仰望高山的巍峨，没有必要去感叹大海的浩渺，没有必要去羡慕花儿的芬芳，没有必要去推崇风儿的飘逸，因为，只要我们想，只要我们认为自己能够做到，只要我们对成功充满渴望，我们也将拥有自己的巍峨、自己的芬芳！

有一个人，他想要去南方的楚国，却驾着车往北走；有一个人，他想要抓到水中的鱼，却坚定不移地往树上爬；有一个人，他想要飞上苍穹，却终日不辍地去向仓鼠求教……他们，能够成功吗？

6 成功 = 目标，其他的都是这句话的注解

是的，不会！不要迟疑，答案绝对是否定的，因为北方没有楚国，树上没有鱼儿，只会钻地的仓鼠也不懂得飞翔。虽然，条条大路可通罗马，然而，如果我们脚下的根本不是路，罗马还能够期待吗？

我们每个人都在祈盼成功，我们虔诚地想要找到自己的“罗马”，但，成功是什么？我们真的懂得何为成功吗？

不要急着回答，扪心自问，找到那个答案，真正的答案，它就是我们的成功，也就是我们的目标。

著名的潜能大师博恩·崔西曾经说过：“成功等于目标，其他的都是这句话的注解。”

没错，就是这样，无论走向成功的路多么的艰难，无论通向目标的旅途生满怎样的荆棘，无论我们一路走来哭过多少、笑过多少、体悟过多少，都不重要，关键是我们成功了！欢笑也好，泪水也罢，其实都不过是成功的注解，这个注解或许很

精彩，或许很平淡，或许充满苦涩，或许甜蜜如糖，不过，那真的非常重要吗？

我们已经成功了，不是吗？对于一个成功者而言，除了目标，什么都不是最重要的。

事实上，一个正确的、适当的目标一旦确立，成功便已经在望。人生路上，十字路口有很多很多，面对选择，我们需要永远记住一点：找到正确的道路才是成功的关键，否则，走得越快，我们离成功的距离也就越远。

2004年雅典奥运会，有一个名字让人们记忆深刻，这个名字是——贾占波。

人们记住贾占波，不仅仅因为他是奥运会男子50米步枪项目的金牌获得者，更因为他是雅典奥运会上最幸运的人！

决赛的时候，贾占波实际上并没有占据优势，在最后一枪之前，他与埃蒙斯的成绩差了整整三环，如果不发生意外，冠军应该是埃蒙斯，而不是贾占波，然而，意外发生了。埃蒙斯打出了最后一枪，这一枪打得很准，然而，却打到了别人的靶位上！

说实话，埃蒙斯这一枪的成绩并不差，然而哪怕他打的是十环，都没有任何的意义，因为他打错了！他自己的靶位上没有弹孔，他的这一枪成绩只能是0！

埃蒙斯错了，贾占波没有打错，所以，本来没有可能属于他的冠军落到了他的头上。

埃蒙斯很厉害，非常的厉害，没有人能够质疑他的能力，但他的目标错了，错得离谱，所以，即便他很厉害，成功依旧与他无缘！

我们都听过一首歌，大海航行靠舵手，那么舵手航行靠的是什么？是明灯！只有有了明灯的指引，迷雾中的航船才不会迷航，风浪中的航船才能找到正确的航路，驶向理想与成功的彼岸。

而这盏明灯，正是目标。

目标分很多种，有一生的目标，有长期的目标，有中期的目标，有短期的目标，日常生活中，我们也常常为自己订立各种各样的目标，只是这些目标被实现的似乎并不多。不要说工作太忙，不要说精力不够，如果我们无法为自己的目标竭尽全力，如果我们可以轻易地对自己的目标说放弃，那么，只能说明一点，那就是这个目标并不是你真正的目标。

真正的目标是心灵的诉求，是灵魂最纯粹的渴望，是人生最终的航向，所以，它不可能被放弃，不可能被懈怠。

王浩和李强供职于同一家销售公司，他们的梦想都是成为本省销售领域的第一人，然而，这个梦想，实现起来并不容易。

在销售过程中，他们遭遇了太多的白眼，时不时地就遇到客户刁难，被客户轰出来的经历也不是没有，甚至有些时候，他们还被当作骗子……种种的压抑和不顺，让李强退缩了，他辞掉了工作，而王浩，虽然半夜的时候也会躲在被子里偷偷地流泪，但为了梦想，他忍了，他坚持下来了，他的真诚与体贴打动了很多客户，他的业绩越来越好，十年后，他如愿以偿地实现了自己的梦想，成为本省销售界的无冕之王，而当年的同事李强却依旧在底层苦苦地挣扎，换了一个又一个工作，却始终没有成功。

王浩和李强的人生为什么差异如此之大？很简单，王浩找到了自己真正的目标，在追寻目标的过程中他的潜能被无限激发，他顺从了自己的心，找到了自己的路，明白自己究竟想要什么，所以，他成功了。而李强，他看似也有很多目标，但这些目标却不能反映他的心，他的心依旧迷茫，他没有找到真正的目标，所以，找不准方向，看不清前路，成功自然无从谈起。

人生匆匆，不过百年光阴，看似很长，却真的没有时间给我们浪费，因此，让浑浑噩噩的日子见鬼去吧，为了自己，搏一把，认真一回，难道不应该？

每一个成功的人都是有目标的人，没有目标的人不可能成功，黎明的晨光熹微，紧随其后的却是红日绚烂，迎着朝阳，让我们阔步前行吧！

记住，成功＝目标，其他的都是这句话的注解！

杜鲁门·卡波特曾经说过：“梦是心灵的思想，是我们的秘密真情。”每个人的心都是不同的，所以，梦想的世界五彩斑斓，梦想的世界千奇百怪，没有谁不想将这份梦想中的斑斓变成现实，然而隐藏在梦想中的现实之路，又在哪里？

7 为自己做一块梦想板，让梦可视化

“我的梦想是成为一名科学家”“我的梦想是成为一名销售大师”“我的梦想是做世界上最有钱的人”“我的梦想是到月球上探险”“我的梦想是抓住所有的坏人”……朗朗的童音犹在耳畔，想想那个时候澄澈无瑕的眼神，我们在感喟的同时似乎也该问问自己，我的梦想实现了吗？我的梦想我还记得吗？

梦想，顾名思义，是梦与想的结合，梦是一种虚幻，是一种潜在于人类灵魂深处的真正欲望，想则是一种现实，是一种行动，是梦与现实之间的桥梁。荷马说：“梦想，是来自宙斯的礼物。”宙斯是公平的，我们每个人在出生的时候就已经接收到了属于自己的礼物盒，只是拆开盒子的人有多少，真正得到礼物的又有几个。

在很多人看来，梦想就像是天上的银河一般虚无缥缈，梦想之所以为梦想，是因为它永远都无法实现。真的是这样吗？

不！绝对不是的！梦想可以实现，梦想与现实之间不存在天堑！

人们之所以感到梦想虚幻而不真实，不过是因为我们看不到它，摸不着它，如果，

梦想触手可及，如果梦想就清清楚楚地摆在我们的眼前，我们还会对它的实现性存疑吗？不会！好吧，既然如此，我们不妨先为自己制作一块梦想板！

梦想板，听起来很玄幻，不要担心，不要心存疑虑，梦想板的制作非常简单，梦想板的材质和样式也没有局限，想要什么样的，完全可以自己决定！

一张书签，一张纸条，一张便笺，一片写着梦想的树叶，一个刻着梦想的苹果，一个绑着梦想的泰迪熊……只要你喜欢，只要你可以看到，只要它有足够的机会吸引你的注意力，那么，它就是合适的。

当然了，单单看得见还是不够的，我们还需要让梦想具体化、可行化。

什么意思？

举个例子来说，白凡的梦想是成为一名销售大师，他很勤奋，他想实现自己的梦想，他将“我想成为销售大师”的纸条贴满了房间，无论他在做什么事情，吃饭、睡觉、写作业，甚至上厕所，都能看到这些纸条，可是，他的心依旧迷茫，满眼的“销售大师”并没有给他的生活带来什么改变，他的梦想看起来依旧遥不可及。

为什么？是因为成为销售大师这个梦想不够现实吗？不是！

白凡的梦想很好，只是太笼统、太概括了！或者说，虽然白凡貌似“看到”了自己的梦想，但其实，他的梦想还隐藏在不知名的地方，他根本就没有看到，那满屋子“销售大师”的纸条根本就不是他的梦想！

或许你会疑惑，白凡不是把他的梦想都写在纸上了吗？怎么能看不到呢？中国有句古话，叫眼见为实，但面对梦想，我们要的不是眼见而是心见。眼中的纸条只不过是心灵的某种折射。

说得直白点吧，想成为销售大师？好，那么怎样才能成为销售大师？要成为什么样的销售大师？确定这个界限，然后，我们开始努力，将大梦想拆分成一个个的小梦想，写下来，这才是我们的梦想板。

比如，我想成为一名全国第一的销售大师，那么我首先要做的就是了解基本的销售常识和销售技巧。所以，我要读完一本《销售心理学》，我要用一周的时间拿下10个客户，我要……将这些写在梦想板上，将梦想板放到眼前，这才是我们要做的。

参照着梦想板，一件件地完成，久而久之，你就会发现，在通往梦想的道路上，自己已经迈出了坚定的一步，这一步是那么的清晰，那么的有力，你完全可以“看到”。

前文我们曾经提到过，成功等于目标，成功源于梦想，这个世界上没有完不成的任务，没有做不到的事情，没有无法实现的梦想，只有不敢梦想的人。梦想与成功之间是如此的接近，成功与目标之间又完全可以画上等号，所以，我们不妨将每一个小梦想都当成一个小目标，将大梦想当成一个大目标，当你明确了自己的目标，细化具化并逐步实现了自己的目标之后，你的梦想自然而然也就实现了。

梦想不是空中飞舞的肥皂泡，轻轻一戳，便会碎得支离；梦想是深埋地底的金刚石，只要我们仔细地挖掘，只要我们一点一点认真地打磨，终有一日会收获绝世的璀璨。

找一支神笔，将你的梦绘制在画板上；找一支神笔，将你的梦书写在白纸上；找一只神笔，将你的梦具象到现实中；梦想实现时你就会明白，自己便是马良。所以，相信梦的力量，相信自身的潜能吧，只要你相信，只要你有自己的梦想板，人生会回馈你无数的惊喜！

Chapter 3

强大的心灵，是最有力的武器，是最神奇的钥匙，这一点，我们一定要记住。是的，铭记一生，这对我们来说没有任何的坏处。

同样是护士，有的人庸庸碌碌一生，她却活出了自己的精彩；同样是打杂的，有的人当了一辈子的“奴隶”，她却“翻身”做了“主人”；同样是女人，有的人甘愿成为附庸，她却用自己的行动昭示了“半边天”的伟岸。她不是别人，正是原 IBM 华南区总经理，原微软中国公司总经理，原 TCL 集团常务副总吴士宏。

1 强大的心灵，是最有力的武器

“绝不允许别人把我拦在任何门外！”这是吴士宏入职 IBM 之初就发下的誓言，因为她没有工作证，保安将她拦在了门外，这让吴士宏感到屈辱，她的心不允许她永远生活在屈辱中，所以，她决定奋起。

别人看电影的时候，她在学习；别人玩游戏的时候，她在工作；别人的嘲笑，她当作一种砥砺；生活的苦难，她当作一笔财富。她付出了双倍于常人的努力，她的心不容许她退缩，所以，她成功了。

为什么成功的是吴士宏而不是别人？很简单，因为她有一颗别人没有的强大心灵。

强大的心灵，让她对自己充满了自信，强大的心灵给了她前进的勇气，强大的心灵让她在风雨中稳坐钓鱼台，强大的心灵让她坚信自己能够比别人做得更好，强大的心灵激发了她身上不可思议的潜能，强大的心灵赋予了她打开成功大门的金钥匙，强大的心灵让她的人生无限精彩。

人生百年，不如意事十之八九，没有谁的人生能够永远的一帆风顺，心灵不够强大的人，遭遇困难的时候会怨天尤人，碰到问题的时候会满腹牢骚，陷入窘迫的时候会轻易放弃，一次失败之后就一蹶不振，如是，又怎么可能成功？

要知道，所有的成功都源于内心，所有的行动都是心灵的倒影，只有强大的内心，才能战胜困难，引领我们走向成功。

日常生活中，我们常常听到诸如此类的抱怨："我的命真苦""为什么倒霉的总是我""要是我像某某某一样有个好爹，我也一定会成功"，甚至我们自己便是抱怨大军中的一员，但我们真的很苦吗？我们遭受的苦难能胜过林肯吗？

九岁丧母，二十四岁背负巨额债务，二十五岁丧妻，三十五岁投身政治，竞选频频失败，五十二岁成为美国总统却正好遭遇南北战争，南北战争结束后，还没有来得及享受一刻安逸就遭到了刺杀。

林肯的一生就是苦难的一生，但无穷的苦难却没有将他打倒。美国历史上有四位最伟大的总统，林肯便是其中之一，他的成功令世人瞩目，而铸就他辉煌一生的功臣，恰恰正是一颗强大的心灵。

强大的心灵，是成功的助推器，是梦想的航船，它搭载着我们，稳稳地驶向胜利的海域。拥有它，无助将和我们绝缘，即便真的身处困境，我们依旧能够自信扬帆；拥有它，我们会坚守内心最真实的净土，不为外物所惑，哪怕世人皆毁我、谤我、不认同我，我的信念依旧坚如磐石，执着地走自己的路，永不退缩；拥有它，我们将获得上苍的眷顾，因为我们的竭尽全力，我们的心无旁骛，感动了上苍。

事实上，每一个成功的人都有一颗强大的心，强大的心灵就是成功的心脏，没有它，我们的成功将脆弱得不堪一击。

"一个人如果想改变他的不幸，那么他只要回答一个简单的问题，我希望变成什么样，然后就全心投入，开始行动，只管朝着目标前进就可以了。"阿济·泰勒·摩尔顿曾经这样说过。事实证明，她是对的，我们无法掌控不幸，我们无法规避苦难，但是我们却能够改变自己的人生，只要我们有一颗强大的心灵。

《人性的秘密》被誉为新的"心灵圣殿"，戴尔·卡耐基的名字举世瞩目，然而这位享誉世界的销售大师、人际关系学专家的人生也并非一片坦途。

卡耐基的耳朵很大，这让他幼时时常受到嘲笑。年轻的时候，卡耐基很穷，寒酸的打扮让他遭遇了无数白眼，工作后，他的理念很少得到认同，甚至结发十年的妻子也无情地弃他而去。种种的不顺利让卡耐基成为了失败的代名词，但他却从来都不认为自己失败了，他矢志不移地坚持着自己的梦想，他执着地守望着黎明前的黑暗，终于，《人性的秘密》问世了，卡耐基也收获了常人难以想象的成功。

其实，每一个人的心中都有一把锁，这把锁锁住了我们的智慧，束缚了我们的思维，囚禁了我们的潜能，只要打开这把锁，释放出我们的潜能，成功真的不是问题。

那么，怎样开锁？还用问吗，当然是拥有一颗强大的心灵！

强大的心灵，是最有力的武器，是最神奇的钥匙，这一点，我们一定要记住。是的，铭记一生，这对我们来说没有任何的坏处。

从16世纪至今，西方就有着“Grand Tour”的传统。“Grand Tour”——壮游，并不是富人的专利，也不是传统意义上的旅行，在欧洲，尤其是英国，壮游是青年们另类的成年礼，只有经过了壮游，青年们独自生活的能力才会被认同。

2 你的格局一旦被扩大就再也回不到原点

事实上，壮游在中国也并不鲜见，我们耳熟能详的西游记从本质上来讲便是玄奘的一次壮游。诗圣杜甫更是留下了传诵千古的《壮游诗》。只可惜，自明而后的闭关锁国让壮游在中国没落了。然而，即便如此，壮游在中国曾经的繁荣，我们也不可否认。

壮游，究竟有什么魅力，能够令古今中外，一代又一代的人为之神迷？答案很简单，只有两个字：格局。

壮游扩大了我们的格局，通向成功的路也从来都少不了格局。

格局，代表着我们的视野，我们的心灵，我们的目标和我们成长的高度，格局太小，就像是囚于井中的青蛙，根本就看不到外面广阔的蓝天。格局有多大，成就就有多大，这句话并不是没有道理。

美国著名人际沟通专家、世界第一催眠师马修·史维曾经说过：“你的格局一旦被放大，就再也回不到原来的大小。”每个人心中都有自己的格局，这些格局有大有小，大的格局可若汪洋般浩瀚，小的格局却若酒盅般浅小。一个酒盅能够装下一百滴水，一片汪洋呢，能装下多少？一百万？一百万兆？一百万亿？谁都数不清，总之很多，很多，多得我们无法想象。

格局是心灵的容器，格局有多大，心灵就有多大，心灵有多大，心灵能够承载的成功就有多大。

格局，决定着我们的成功承载量，如果我们的心灵连最微小的成功都无法托起，那么妄谈成功岂不是一个笑话？

想要成功吗？想要大成功吗？那好，扩大你的格局吧！

那么，怎样才能扩大我们的格局呢？

首先，要提升我们的渴望。微软帝国掌门人比尔·盖茨的管理学老师博恩·崔西曾经说过："你的渴望是你的能力唯一真正的限制。"有了渴望，我们才会努力去实现。

未知的事物因为其未知，总是让人产生恐惧，而恐惧恰恰正是渴望的天敌。想要成功的人有很多，但真正成功的人却很少，为什么？因为成功的道路我们无法预知，我们不知道自己会遭遇什么，我们害怕遇到挫折，我们害怕失败，我们害怕受到伤害，因为害怕，我们心中的渴望逐渐降低，最终磨灭。我们的格局越来越小，我们的眼界越来越窄，我们越来越安于现状。我们不愿意为成功去搏一把，成功又为什么要给我们优待？

比尔·盖茨，世界首富的光环几乎将他神化。他是一个成功得不能再成功的商人，同时，他也是一位卓越的销售大师。

还有哪个销售大师能够比他更成功呢？他把他的系统推销给了整个世界。互联网王国的国王永远都是Windows。比尔·盖茨是计算机领域的"王"，而支撑他成为王者的，正是他的渴望。对成功强烈的渴望，扩大了他的格局，扩大的格局又激发了他的自信，催生了他的努力与魄力。

扩大的格局让他的目光不再局限于校园，他放眼的是整个计算机时代，放眼的是软件系统的王座。所以，他离开了哈佛，即使他还没有毕业，即使哈佛毕业生的名头的确光鲜灿烂。

事实证明，他成功了，他做到了，他战胜了一切恐惧，他成就了他的渴望，也成就了一个计算机新时代。

其次，除了提升渴望，扩大格局还有一个行之有效的方法，那就是增强自信。一个连自己都无法相信的人，还会相信什么，既然不会相信，就不会关注，没有关注就没有感觉，没有感觉就没有渴望，没有渴望就不会努力，不努力又怎么能成功？成功不会从天而降，没有谁能够随随便便成功。所以，鼓励自己，激励自己，让自己自信起来吧，只有这样，我们的格局才会扩大，我们才有资格成功。

不要小看格局的魅力，格局决定着布局，而布局决定着人生。青蛙的世界是狭小的井，只有扩大格局——跳出这口井，青蛙的天空才会变得辽远。其实，我们每个人都是一只青蛙，有的青蛙跳出了自己的井，迎来了灿烂的成功，有的青蛙却还蹲在井里，默默地腐朽。

朋友，你跳出来了吗？

猴王山上有一株仙树，每年树上都会结一个大大的仙桃。吉吉很喜欢吃桃子，为了吃到仙桃，他花了整整一年的时间锻炼身体，练习登山。他一年来风雨无阻，流了无数的汗水，付出了极大的心血。一年后，仙桃再次成熟了，吉吉信心满满地爬上山顶，来到仙树下，他伸出臂膀，手指都已经触碰到了仙桃，但仙桃却突然不见了。吉吉抬起头，才看到一只小猴子正抱着仙桃冲他得意地笑。

 对无法预期的结局，要有心理准备

天有不测风云，人有旦夕祸福，这个世界上，最不可预期的便是未来。我们永远都不可能知道下一刻会发生什么，我们也永远都不会知道下一刻自己的人生将走向何方。

很多时候，成功看上去离我们是那么的近，近到已经触手可及，然而，我们就能抓住它吗？不一定！生命中总是充满了意外，谁都不知道意外什么时候会发生，就像吉吉，他对仙桃志在必得，为了仙桃他付出了许多，然而，最后仙桃却与他失之交臂。

我们每个人都有自己的“仙桃”，而梦想和成功无疑是所有仙桃中最红最大的那一个。没有谁不想得到仙桃，但得到的毕竟只是少数。

“为山九仞功亏一篑”“行百里者半九十”，古人以时间和文字为舟，将智慧和经验与我们分享。法前车之鉴，察后世经纶，我们不难发现，很多事情都不以我们的意志为转移，结局如何，我们无法预期。

我们付出了，我们努力了，我们敢想敢干，我们朝着梦想一路前行，我们披荆斩棘踏出了一条没有的路，但，成功呢？成功还在大门之后，我们有钥匙，但大门上的锁却锈死了，这让我们情何以堪？

努力了，付出了，拼搏了，就成功了？这一点，没有任何人能够给出保证，就好像没有谁能断言明天肯定会刮风，后天肯定会下雨，即使有天气预报。但，请注意，这是预报，人经过缜密分析之后的猜测，这种猜测是否准确，完全要看“老天爷”的心情。如果“老天爷”不高兴，下一刻突然“翻脸”也是极有可能的。

所以，在追逐成功的时候，我们可以自信，我们可以满怀期待，但“未虑胜先虑败”，任何时候，我们都要做好失败的准备，因为结局真的无法预期，付出和收获有的时候并不成正比。

也许，我们在用全部的生命与爱经营一份感情，但，深爱的他（她）却仍然选择了背叛，选择了离我们而去；也许，我们花费了所有的时间和精力在运作一件事情，但在不可抗的外力作用下，我们功败垂成……是不是觉得不公，是不是觉得白瞎了自己的努力，然而，事实上，从开始的时候我们就应该明白，事情要往好的方面想，同时也要做好最坏的打算，因为未来我们无法主宰，成功与否我们无法把控。

明东是一个非常优秀的销售员。他勤奋、踏实，毕业于名校，因为父亲是一家营销公司的老总，他从小耳濡目染，对营销、销售、人际沟通从来都抱着最浓厚的兴趣，他想青出于蓝而胜于蓝，成为一个超越父亲的销售大师。

毕业后，他没有选择去父亲的公司，也没有选择向他投来橄榄枝的外企，而是进入了一家民营企业，开始了自己的职业生涯。他从最底层的销售员开始做起，风雨无阻地去拜访客户，耐心细致地去和客户沟通，深入且全面地去了解销售技巧，为了能够更好地了解顾客的心理，他甚至还攻读了心理学。很快，明东就成了公司的明星员工，进而成为了销售部的经理。

当上经理之后，明东选择了离职，他开了一家自己的销售公司，承接了很多业务，公司的业绩蒸蒸日上，知道明东的人也越来越多，明东距离自己超越父亲的梦想也越来越近。

然而，就在这个时候，厄运突然降临，在一次外出参加销售研讨会的路上，明东的车和对面疾驰的货车迎头相撞，伤势过重的明东经抢救无效而死亡。他的梦想，他期待中的成功也因此戛然而止，突兀地画上了终止符。

生前的明东，能够预料到自己的结局会是如此吗？不能！

还是那句话，生命中存在着太多的意外，通向成功的路上也充满了太多的变数，我们不知道“小猴子”会在什么时候什么地点杀出来抢走我们的“仙桃”，我们也不知道杀出来的是“小猴子”还是“小刺猬”，但我们只要知道一点其实就已经够了，那就是：没有拿到手中的“仙桃”永远都不属于我们自己，在“仙桃”到手之前我们要做好失去的准备，并为此制定一套“应急预案”。

或许你会说，既然未来不可预料，成功不可预期，天灾不可阻挡，那么我们做好心理准备又有什么用，不是白费力气？不，有用！有了准备，我们在意外面前才不会惊慌失措；有了准备，我们才能更坦然接受预料外的结局；有了准备，我们才能防微杜渐；有了准备，我们才可能绝地逆转，上演不可思议的奇迹。

总之，有备无患总是没错的，不是吗？

有人说，生活就像是一杯纯净的清水，平淡中氤氲着无限的精彩，我们应该去细细地品味，慢慢地欣赏，看流水潺潺，知足常乐；也有人说知足常乐让我们堕落，甘于平淡是成功的杀手，只有贪得无厌的人，充满欲望的人才能够站在胜利的峰巅……知足常乐是福，贪得无厌不是罪，面对人生，我们究竟应该选择哪一边？

 “贪得无厌”与“知足常乐”

老子曰：“罪莫大于可欲，祸莫大于不知足，咎莫大于欲得。故知足之足，常足。”欲望与贪婪是最大的原罪，知足者可得常乐。

老子是无为的，他清静无为的思想或许适合曾经兵戈不断、处处烽烟的古代社会，但放在现代，从某种程度上来说却是不合适的。知足常乐，固然能够让人找到心理的舒适区，让生活变得容易起来，但这种“知足”却同样阻碍了我们的进步，既然已经知足，既然我们很快乐，那么又何必去改变，那么又何必去继续追寻。

知足常乐，有的时候是可以和不思进取画等号的，而不思进取显然是成功的腐蚀剂，来看看渔翁的故事吧。

从前，有一个渔翁，他捕鱼捕了三十年，技术非常的娴熟，网网不落空，依靠每天捕鱼的收入，他的生活过得很好，他也非常的知足。

这一天，风和日丽，阳光明媚，海面上看不见一丝波澜，一个商人来到海边，正好看到渔翁躺在躺椅上，悠闲地吹着海风晒太阳，他很奇怪地问渔翁：“天气如此晴朗，海面如此平静，正是捕鱼的最佳日期，你为什么不去捕鱼，反而在这里晒太阳呢？”渔翁懒洋洋地看了商人一眼，说：“我一天的收成能抵得上别人一周的收成，我很富足，我不用为生活担忧，为什么还要拼命地去捕鱼，而不享受生活呢？”商人说：“你捕一次鱼的收入只能保证你一周生活无忧，为什么不等赚到了足够享受一生的钱再来晒太阳呢？”渔翁很奇怪地看着商人：“因为我已经在晒太阳了，我现在很舒服，这还不够吗？”商人无语，讪讪地离去。

两年的时间转眼即过，两年后，已经成为亿万富翁的商人再一次来到海边，一个肮脏的乞丐走过来，请求他的施舍。富翁看着乞丐，唏嘘不已，因为这个乞丐正是两年前晒太阳的渔翁。商人不禁问道：“发生了什么事？你怎么变成这样了？”

渔翁看着商人，留下了悔恨的泪水：“我的目光不够长远，我对现状太过满足了。这两年，渔民越来越多，捕鱼的设备越来越先进，我只有一张破旧的渔网，根本就捕不到鱼。”

知足常乐是一把枷锁，它就像是罂粟，让人们沉溺在其中不愿走出，或许真的很舒服，很快乐，但付出的代价却是我们的健康、我们的前途，甚至我们的整个人生。对成功者而言，知足常乐是一剂毒药，它会毒杀潜力，泯灭危机感，所以，知足常乐不可取！

不能知足常乐，那我们要“贪得无厌”吗？在《圣经》中，贪婪被定义为一种原罪，但在现代社会，“贪婪”一些其实也没有什么不好。

因为贪婪，我们才会有野心；因为贪婪，我们的心中才会滋生不可思议的目标；因为贪婪，我们才不愿意满足；因为贪婪，我们才会一步步向着更高的方向迈进……适当的贪婪的确可以鼓舞斗志，激发潜能，成为人们成功的动力，但请注意，我们说的是适当的贪婪，而不是贪得无厌。

适当的贪婪可以让我们奋起，就像原一平，他很“贪婪”，他“贪婪”地想要成为日本销售界第一人，他“贪婪”地想要蝉联15年销售冠军，他“贪婪”地想要不断获得更高更大的成功。“贪婪”让他的思维更加活跃，能力更加突出，口才更加卓绝，“贪婪”造就了他的人生。

原一平生命中有很多大的目标，这些目标的源头都是贪婪，是对成功的贪婪！

因为贪婪，他不满足于现状，他为自己订立了一个又一个目标，他为自己铺就了一个又一个更高的台阶，他踩着这些台阶踏上了巅峰。但，他没有贪得无厌，他懂得节制自己的欲望，因为无止境无限制的欲望有的时候会使人毁灭，疯狂无度的贪婪会让人跌落神坛。

试想，若是原一平贪得无厌，想要成为全宇宙第一的销售大师，他的结果又会如何呢?

驻留在家中，我们看到的永远都是家，只有走到外面，我们才能看到整个世界。成功后的安逸自然无可厚非，但长久的安逸却容易使人堕落。成功后的贪婪也可以令人发奋，但过度的贪婪却足以令人毁灭。

对我们而言，知足常乐不可取，贪得无厌更是一种错误，只有把握好两者之间的度，不知足的同时适当地贪婪，我们的潜能才会不可思议地爆发，我们人生的烟花才会绚烂整个星空。

生活告诉我们，世界上不是除了黑的就是白的，黑白之间还有一种颜色，叫作灰色；人生告诉我们，世界上不是除了正确就是错误，正确和错误之间有一种状态，叫作中庸；经验告诉我们，世界上不是除了“此”就是“彼”，彼此之间还有一种平衡，叫作“和”……我们无数次地告诉自己，世界很复杂，人生很复杂，成功也很复杂，凡事其实都可以折中，但安东尼·罗宾却说：“大脑只能装一样东西，不是你所渴望的，就是你所恐惧的。”

大脑只能装一样东西，不是你渴望的，就是你恐惧的

成功不容讨价还价，灰色是一种亵渎！

日常生活中，我们常常不自觉地走进了“和”的世界，我们崇尚“退一步”海阔天空，我们不想将自己逼入绝境，我们下意识地为自己留下至少一条后路，这看起来是如此的理所当然，如此的合情合理，但事实真的如此吗？

公元前207年，项羽率领的起义军与秦军主力遭遇于漳水，起义军兵寡，秦军兵众，以少胜多的奇迹并不是时时刻刻都在发生，起义军中很多人都心生恐惧，然而，项羽却毅然带着手下的兵将渡过漳水，破釜沉舟，切断了自己的后路。

要么成功，打败秦军活下去，要么失败，被秦军打败，全军覆没，项羽留给自己、留给起义军的只有两条路，而逃跑，这显而易见的第三条路被他放弃了。

项羽不智吗？不，历史已经向我们证明了他的睿智——起义军胜了！

巨鹿之战的一场大胜，也直接奠定了日后楚汉相争、刘项双分天下的格局。假如当初项羽率部逃了，先不论他根本就不可能逃得掉，纵便他逃掉了，历史上还会有那个力拔山兮气盖世的霸王吗？

其实，懒惰是人的一种天性，因为有了退路，因为有了第三种选择，所以，人类才变得懈怠。

“谁被逼到角落里，谁就会有出奇的想象。”创造学之父奥斯本这样告诉我们。在成功面前，没有中庸，不是成功，就是失败，不是胜利，就是被战胜。

当我们的大脑中充满恐惧的时候，渴望便会离我们远去。因为恐惧，我们谨小慎微；因为恐惧，我们裹足不前；因为恐惧，我们选择逃避；因为恐惧，我们无法专心；因为恐惧，我们忘记了去努力；因为恐惧，我们心中的雄狮陷入了永久的沉睡；因为恐惧，我们无法发挥出自己的正常水平；因为恐惧，我们的思维迟滞……因为恐惧，我们不再渴望，既然没有渴望，自然没有目标，既然没有目标，一艘迷航的船又怎么可能到达梦想与成功的彼岸？

相反地，当我们的大脑中充满渴望的时候，恐惧就再没有了立足之地，渴望与恐惧从来都是一对死敌，不是你“死”，就是我“亡”，永远都不可能共存。因为渴望，我们变得斗志昂扬；因为渴望，我们自动自觉地加倍努力；因为渴望，我们心中沉睡的雄狮昂首咆哮；因为渴望，我们的潜能井喷式地爆发……因为渴望，因为明白了自己真正想要什么，我们不畏艰难，我们忘记了恐惧，我们有了非常明确的目标，所以，我们成功了！

渴望代表着成功，恐惧代表着失败，一个人能够既成功又失败吗？一个人能够既是纯白的又是纯黑的吗？不能！所以，虽然这个世界上存在着中庸，但正如安东尼·罗宾所说的那样，它不适用于我们的大脑。

有的时候，我们放弃自己的土地，执意去周游世界寻找钻石，却不知道其实钻石就在我们的脚下，只要你轻轻地掘开自己的土地，便能轻易收获一座钻石山。

我们的生命很简单，也很复杂，我们的土地看上去贫瘠，实则肥沃。我们并不贫穷，我们自身便是一座不可思议的宝藏。而挖掘这座宝藏的钥匙，便是我们的心。

朋友，扪心自问，你的脑中，是渴望还是恐惧？如果是恐惧，不要迟疑，赶紧将它赶走，把渴望塞进去，塞得满满的，你就是一个成功者！

《孙子兵法》有云：“善战者，求之于势。”对“势”字的理解，古今中外，莫衷一是，有的人认为“势”是一种有利的外部环境，有的人认为“势”是一种刻意营造的气场，有的人认为……仁者见仁，智者见智，但在对“势”的注解中，最为人所认同的观点却是——势就是格局。

6 格局决定布局，布局决定结局

鸿海集团董事长郭台铭先生曾经说过：“格局决定布局，布局决定结局。”一个人能否成功，在成功的路上能够走多远，并不是由他的家庭、背景、受教育程度等外部因素决定的，而是由他的内在格局决定的。

格局决定结局。这并不是武断，而是经过千锤百炼之后的“至理”。

如果，一个人的格局是一座池塘，那么他针对人生与事业的布局就仅仅只局限于池塘，他的成就最高也只不过是主宰一座池塘，不可能超越。

如果，一个人的格局是一条长河，那么他针对人生与事业的布局就仅仅只局限于长河，虽然他的成就最高也只不过是主宰一条长河，但他却有着超越的微小可能，因为他的格局大了，因为他有万分之一的机会入海。

如果，一个人的格局是无际汪洋，那么他针对人生与事业的布局就会同汪洋一样浩瀚，他的成就不可预期，因为水汽在不断地蒸腾，因为归海的江流永无止境，他的存在本身就存在着无限可能，这是他的格局决定的。

海尔总裁张瑞敏领导着海尔创造了一个又一个辉煌，他的信条便是“先谋势，后谋利”，生活中我们常常嘲笑别人“赔本赚吆喝”，却不明白，只要“吆喝”好了，造势成功，我们赚回来的将是赔掉的一万倍。

一个甘于平庸的人，格局也就局限于他自己的“一亩三分地”，他的眼里没有世界，世界自然不会将他眷顾。一个心怀天下的人，格局是整个天地，世界在他的眼中就是一个舞台，他的成功自然举世瞩目。

葛朗台是个吝啬鬼，即便他再如何富有，人们也不会爱戴他，因为，他的格局太小。

人常说，善弈者谋势，不善弈者谋子，善弈者争的不是一城一池的得失，而是统筹全局，高屋建瓴地去思考问题，去布置棋局，所以，哪怕一不小心落错了子，也不可能影响成败。而不善弈者，谋的恰恰是子，他们计较每一个棋子的得失，他们布局的角度只局限于棋子，所以，一旦棋差一招，满盘皆输的结局根本无须怀疑。

格局是一种势，是一种气质，是一份器量，是一种魄力，是一份雍容。宰相肚里能撑船，黔民腹中少寸钉，为什么？因为格局！

20世纪90年代的西安，少了几分繁华，多了几许沧桑，古都人民的生活一如既往的平静，西安饮品市场巨无霸“容氏果汁”公司却收到了一份“战报”，容氏的“领地”遭到了“入侵”。看着这份“战报”，容氏上下都不以为然，因为“敌人”实在是太不起眼、太弱小了，容氏甚至连“捏死”它的兴趣都没有。然而，正是这个容氏眼中的“小不点儿”给了容氏一个终生难忘的惨痛教训。

“小不点儿”避开了容氏的主力，另辟蹊径，在零售市场中开辟了一条新战线，免费将自己的产品送到学校，送到零售店，送到“偏僻”的小市场。于是，一夜之间，“小不点儿”火了，整个西安都知道了它的存在，容氏在不可置信之中丢了自己的地盘，失去了“老大”的位置。而这个让容氏在“根据地”溃败的“小不点儿”正是汇源果汁集团。

容氏之败，固然有轻敌的原因，但失败的根本却还在于“势”，容氏在格局上输给了汇源。容氏实力雄厚，但汇源就是软柿子吗？面对汇源的来袭，容氏没有做到应有的警惕，可以说，是容氏放任了汇源的成功，容氏没有想到汇源会“免费”，容氏谋的是“子”，汇源谋的是“势”，所以，在这场没有硝烟的销售大战中，容氏败了，败在自己手中！

其实，无论是销售也好，下棋也罢，真正的高手拘泥的从来都不是局部，而是全局，是势，是眼光，是格局。人说，龙生龙，凤生凤，老鼠的儿子会打洞。格局也是母亲，它也会孕育孩子，只不过它怀孕的手段叫布局，生的孩子叫结局。“儿子”究竟是龙还是虫，决定权不在儿子，而在“母亲”。这一点，我们一定要铭记。

潜能是一颗等待发芽的神秘种子，心灵是灌溉它的甘泉，成功是它催发的第一片绿叶，但没有人知道这片叶子何时会被催发，正如美国的演讲大师马克·汉森在“亿万富翁制造机”中说过的那样：“唯有不可思议的目标才能产生不可思议的结果。小心写下你的目标，因为它一不小心马上就可能实现。”

7 小心写下你的每一个目标，因为它一不小心有可能会实现

或许你的目标很渺小，或许你的目标很伟大，或许你的目标有些匪夷所思，或许你的目标非常好笑，或许你的目标让你亢奋，或许你的目标让你难以启齿，但那又有什么关系呢？不要迟疑，拿起手中的笔，将心中的目标写下来，只要写下来，你就会惊奇地发现，原来被写下来的目标是如此的神奇，它所迸发的力量让人惊叹。

安多罗镇有一个年轻人，他的名字叫汉克，和同龄的所有年轻人相比，汉克显得非常普通，没有什么特别突出的长处，朝九晚五地过着平凡的上班族生活。有一天，镇长要求镇上每一个年龄在三十岁以下的年轻人都将自己的目标写下来。汉克这样写道：我从小就喜欢旅游，但我没有金钱。我的目标是有生之年拥有一大笔钱，让我去环游世界。

写完之后，汉克将自己的答案交给镇长，离开镇长家之后，汉克突然觉得自己非常的可笑，环游世界最起码也需要一百万美元，以自己现在的工资水准，几十辈子也挣不到这么多的钱。一番自嘲之后，汉克便把这件事给忘了。

然而，一个月后，一个家资亿万的石油大亨来到了安多罗镇，镇长找到汉克，并告诉他，这位大亨就是他的亲生父亲。于是，汉克有钱了，大亨为了补偿这么多年对汉克的亏欠，给了他三千万美元的“零用钱”。

汉克再次拿起那张写了自己目标的白纸，他突然发现，原来有的时候，看起来不可思议的目标竟然真的会以一种你永远都无法想象的方式实现，只要你愿意把它写下来。

有着和汉克类似经历的人，这个世界上有多少？无数！

中国有句古话，叫作“有心栽花花不开，无心插柳柳成荫”，有的时候，成功来得便是如此的简单，如此的出人意料。“有心”并不一定会成功，“无心”并不一定就代表着一无所获，这个世界本就如此的神奇。

所以，虽然我们应该脚踏实地，但我们又何妨去相信奇迹。

当然，这并不是说，成功可以存在侥幸，成功可以依赖奇迹，任何奇迹都有其根源，而这个根源就是“写”。

“写下来”，实际上是一个镌刻记忆的过程，也许一个目标写下来没几天我们就将它丢进了角落，但因为我们“写”过，所以，我们的大脑会自动铭记这段数据，应景的时候，条件允许的时候，我们就会自然而然地想起来，并将之变成现实。

成晓晓是一个珠宝公司的销售员，她有一个习惯，就是总喜欢把自己的目标写在本子上，偶尔拿出来翻翻看，哪怕她翻看的次数真的很少，有时候半年都不见得翻一次。

这一天，下班的时候，看着展柜中璀璨的珠宝，成晓晓心中突然涌起一阵豪情：5 年内，自己也要拥有一件属于自己的钻石首饰。当天晚上，成晓晓就把这个目标郑重其事地写在了自己的本子上。

但激情总是缺少热度，现实残酷得让人无奈，一周之后，成晓晓的热情就消退了，拥有珠宝的目标在她的心中只留下了一个淡淡的影子。

成晓晓的生活依旧按部就班，接待客户，推销珠宝，闲暇的时候看看书，了解一下销售技巧，平静的生活没有任何的波澜，很快半年的时间过去了。

冬天到了，圣诞节那一天，一个金发碧眼的法国男子来到公司，负责接待的销售员傻眼了，因为她不懂法语。这个时候，她想到了自学过法语的成晓晓。

成晓晓和法国客人的交流十分愉快，在她的“巧舌如簧”之下，浪漫的客人慷慨地购买了公司的“镇店之宝”——一条价值八千万元的项链。根据店里的规定，成晓晓获得了八万元提成。

得到提成之后，成晓晓陡然就想起了自己曾经的那个目标，于是她花费六万元买了一个钻石戒指。一不小心，她的目标就实现了。

事实上，成晓晓目标的实现，是一种偶然，又何尝不是一种必然呢，因为，“学习法语”正是她一年前的目标！

看不见、摸不着的东西总是让人感到虚幻，让人觉得不可实现，然而，一旦我们将它一一地写下来，形成自己的“目标”面板，也许面板上的内容在不断“更新”，也许面板上被实现的目标很少，但只要我们的眼睛能够看到它，那么我们就会在潜意识里分一丝精力与关注给它。也许，这一丝关注很少，少到我们自己都没有注意到，但正是因为这看似不经意的关注，点燃了潜能的火星，而这颗小小的火星，在未来带来的将是燎原的火海。

所以，把自己的目标写下来吧，不要嫌麻烦，不要不在乎，不要当成一种无用功，因为，一不小心，目标真的会实现，我们真的会成功。

Chapter 4

如果这个世界上有一千个困难，那么解决困难的方法绝对会有一千零一个！

相信自己，一切便皆有可能！

曾经，有一个母亲这样告诉他的儿子：“孩子，世界上没有任何一个人和你一样。”儿子相信了母亲的话，并深深地记住了，所以，当他面对失败的时候，他会大声告诉自己：“我能行，我是独一无二的！”当他遭遇挫折的时候，他会大声告诉自己：“我是最棒的，因为我独一无二！”最后，他成功了，他打破了推销界的吉尼斯世界纪录，他站在了一个行业的巅峰。他就是——乔·吉拉德。

1 法宝一：自信，是做好一切事情的前提

世界上没有完全相同的两片叶子，没有完全相同的两棵树木，也没有完全相同的两个人，即便是双胞胎。

上帝每创造一个人，就会在他诞生的那一刻，将模具彻底地毁去。所以，我们每个人都独一无二，正如乔·吉拉德的母亲告诉他的那样。所以，我们无须去仰望别人的高度，我们不必去艳羡他人的巅峰。别人头顶的光环的确耀眼夺目，天才的才华横溢也的确让人眼红，然而，难道我们不是天才吗？相信自己，其实我们每个人都是天才，只是我们自己还不曾发现。

乔·吉拉德人生的前35年是失败的，他一事无成，他负债累累，除了母亲，所有的人都瞧不起他，然而他没有放弃，没有颓废，没有被困难打倒，因为他始终相信，这个世界上没有任何一个人和自己一样，乔·吉拉德只有一个，他是独一无二的。

这份自信，深深刻印在他的骨髓中，无论历经多少风雨摧折，也始终无法磨灭。

乔·吉拉德第一次走进底特律汽车公司的时候，没有人相信这个严重口吃的男

人能成为一个优秀的销售员，而他却放出了“两个月内，业绩超过最佳销售员”的豪言。

公司的人都当他是个笑话，他的办公室是一间布满灰尘的小屋，他的全部工具就是一部电话。他微笑着接受了这一切，他开始打电话，打给能打给的所有人，一个又一个，但一个月的时间过去了，他的业绩依旧是零。

周围的嘲笑声更大了，甚至有很多人质疑他能不能成为一个销售员。乔·吉拉德没有在意，相反，他更加自信了！他自顾自地磨炼着自己的语言技巧，克服着自己内心的怯懦，琢磨着失败的原因。他相信，自己能够成功，所谓的失败，不过是暂停的成功。

终于，他发现了自己推销失败的原因：现在是冬天，而他推销的对象全都是男性。男性是理性的，他们懂得汽车，知道冬季购车的种种麻烦，也明白冬季行车的各种潜在威胁和副作用，所以想要将汽车推销给他们实在是有些困难。可是，女性呢？相比于男性，女性是感性的，她们购车的时候考虑最多的绝不是车的性能，而是价格，是折扣，而冬季是购车淡季，汽车公司给出的折扣还是相当诱人的。

于是，他重整旗鼓，他开始给女性打电话，事实证明，结果比他想象的还要好！

乔·吉拉德成功了，他实现了自己那个“不可能实现”的诺言，震惊了整个底特律汽车公司！

世界上真的有不可能吗？不！所谓的不可能，只不过是我们还没有找到将之变成“可能”的方法！

如果这个世界上有一千个困难，那么解决困难的方法绝对会有一千零一个！

相信自己，一切便皆有可能！

鹏程报业公司曾经有一位女销售员，她的名字叫李佳。在入职后不久，她就自告奋勇去为公司推销广告版面。他从经理那里拿到了一份名单，名单上有16个已经被其他销售员判定为“不可能”购买版面的客户。

李佳拿着名单，一家一家地拜访这16位客户，两个月过去了，她成功拿下了15位客户。这样的成绩足以让公司惊叹。李佳没有骄傲，因为她还没有打赢自己的战争。第三个月，她只拜访了一位客户，连续30天，她每天早晨都会准时去那位客户家，而那位客户也会一如既往地拒绝她。

第 30 天的时候，那位客户问她：“你为什么坚持这么久？”李佳说：“我相信自己一定能够办到。”客户笑了笑，爽快地签了广告合同。而这位客户，正是名单上的第 16 位客户！

有什么是不可能的呢？不可能不过是我们不够自信的借口。只要我们相信自己能够做到，我们就能够成功！

自信是一种相当神奇的力量，它能激发人体内潜藏的所有潜能，它能迸发人类全部的激情与斗志，引领人们走向一个又一个的巅峰。

其实，事情就是如此的简单，假如连你自己都不相信自己，那么又怎能奢望别人去相信你？假如你始终都告诉自己“我办不到”，那么别人又怎么会相信你能办到？

有很多时候，我们不是办不到，而是我们不相信自己能够做到，我们不是不能成功，而是我们不相信自己可以成功，不是吗？

每个人身上都有两种力量，恐惧与自信，恐惧产生恐惧，自信产生自信，拥有了一份自信，你的自信就会越来越多，最后占据你的整个生命。同样，拥有了一份恐惧，你的恐惧也会越来越深，最后刻印到身体的每一个细胞里。

自信和恐惧是生命天平两边等重的砝码，在称量人生的道路上我们必须做出选择。

自信和恐惧，你会选择哪一样？

从前有个老婆婆，整天苦着脸，好像有什么愁肠事。于是一个邻居问她：“您有什么伤心事啊？”

老婆婆说：“我有两个女儿，大女儿在卖伞，小女儿在卖帽子。雨天的时候，我为小女儿伤心，她的帽子不好卖了。晴天的时候，我又为大女儿担心，她的伞不好卖了。所以，我每天都高兴不起来。”

邻居说：“您为什么不这样想呢，雨天的时候，您大女儿的生意会很好；晴天的时候，您小女儿的生意会很好。这样不每天都能开心吗？”

2 法宝二：乐观，遇事要多往好处想

同一件事情，在不同的人眼中会呈现出两种截然不同的看法。

同一片乌云，在不同的人眼中也会演绎截然不同的两片天。

悲观的人会说：“天哪，马上就要下暴雨了，暴雨会引发洪灾，洪水会冲毁房屋，我将无家可归，这实在是太可怕了。”

乐观的人则会说：“真好，要下雨了，今年的庄稼一定能有个好收成，雨后的阳光也会非常灿烂。”

乌云还是那片乌云，不同的不过是人们的心！心是灰色的，纵使外界五彩斑斓，世界仍旧只有灰色；心是多彩的，即便外界只有灰暗，我们的世界依旧会充满色彩与斑斓。心的颜色决定着世界的颜色，心的境界决定着人生的境界，心的“眼睛”决定着命运的“眼睛”。

“人生的道路都是由心来描绘的。所以，无论自己处于多么严酷的境遇之中，心头都不应为悲观的思想所萦绕。”京都陶瓷株式会社社长稻盛和夫先生曾经这样

说过。冬天很严寒，但心是温暖的，世界就是温暖的；夏日很炎热，但心是清凉的，世界便也是清凉的。

从出生的那一刻起，我们便被教导要保持理性，但理性什么的，却不妨碍我们乐观一点儿，把事情想得好一点儿，不是吗？

生活中，我们常听到这样的话：“快乐是一天，痛苦也是一天，既然如此，我们为什么不快乐地活着呢？”

是啊，我们为什么不快乐地活着呢？我们用这样的话一遍又一遍地安慰自己，可是我们做了吗？我们活得快乐吗？

我们抱怨这个埋怨那个，我们觉得自己过得很苦，我们觉得这个世界对我们是如此的不公平，我们相信自己是世界上最不幸的人，然而，真的是这样吗？

圣诞夜，一个男人站在破旧的小屋窗前，看着远处灯火辉煌的豪宅叹息连连：“我的房子是如此的破旧，为什么我不能住上豪宅，主啊，您可真偏心！”正在这个时候，一个衣衫褴褛的乞丐走过他的窗前，蜷缩着身体，瑟瑟发抖地躺在了街边的长椅上。男人突然觉得惭愧，喃喃低语：“主啊，感谢您赐予了我一栋房屋，让我能够逃避寒冷。”

得陇望蜀，是人的天性，贪婪是一种原罪！

我们总是埋怨自己得到的太少，为什么不想一想那些根本就没有得到的人？

我们常常为工作的无聊繁重而唉声叹气，却为什么不想一想还有很多人还没有工作？

古人云：“知足者常乐。”身在这个高速发展、物欲横流的世界，现实压迫着我们不能知足，因为知足将会把我们打进不知进取的深渊，但常乐呢？

我们为什么不能常乐一些？用快乐的眼光看困难，看到的将是困难之后的成功，而用悲伤的眼光看世界，看到的永远都是沉沦困境的黑暗。

王东和李强都是M公司的销售员，入职的时候，他们接到了同样的销售任务——一周内卖掉500套化妆品。

接到任务之后，王东感到为难，500套，七天，这怎么可能？我一定卖不掉，我要是卖不掉就说明我的能力不行，我不能干好销售员，公司肯定会把我开除的。越想，王东越觉得这种可能性非常大。他每天都拿着化妆品到街上叫卖，叫卖的声音越来越小，到最后他干脆不叫卖了，因为这几天买化妆品的人真的很少。他抱着化妆品在公寓中发呆，因为他觉得自己肯定卖不出去了。

而同样接到这个任务的李强则每天都带着微笑出门，他相信，经理既然将任务交给他们，就一定能够完成。也许这就是经理的考验，只要卖出去了，就会得到最令人惊喜的奖励。抱着这样的想法，李强干劲十足。他没有像王东那样盲目地上街去叫卖，而是将化妆品带到女性比较集中的公共场所，打起了免费试用的牌子，结果许多女性被吸引，试用后觉得不错、掏钱购买的人也有不少。七天的时间过去了，李强成功卖出了 784 套化妆品。

当成绩摆上经理的案桌，经理笑了，他当场就提升李强为销售组长，王东则因为业绩低下而被扣了奖金。

王东的能力比李强差吗？不一定！但面对工作、面对生活、面对困难的不同态度却让他们的结果变得迥然不同。

乐观积极的态度总是会激励人们奋进努力，带着无限的热情去解决困难，因为人们相信只要克服了困难，就会迎来最明媚的晴天。相反，悲观消极的态度则是扼杀激情与才智的罪魁祸首，凡事都往最坏的方向想，事情又怎么可能往好的方向去发展？

太阳很伟大，太阳很光辉，但太阳上面依旧会有黑子。这个世界上没有什么是完美的，没有什么是没有缺陷的，没有谁的人生是永远平坦的。既然如此，我们为什么不能带着自己的缺憾演绎一份独属于自己的完美？

海伦·凯勒的生命中充满黑暗，但她演绎了《假如给我三天光明》；斯蒂芬·霍金全身瘫痪，但他成就了伟大的《时间简史》；拿破仑天生矮小，但在他的带领下法国铁骑几乎踏遍欧洲。

有的时候，成功并不在于上帝给了我们什么，而在于我们给了自己什么。

怨天尤人是懦夫的行径，唉声叹气不能减少任何一丝伤害。福祸相依，当“祸”如期降临，我们为什么不能对即将到来的“福”充满期待呢？

没有人能决定我们的人生，除了我们自己，不是吗？

所以，乐观一点儿，积极一点儿，用充满阳光的眼睛看世界，你看到的便是满眼明媚！

狐狸卢克是森林里最博学的人，它懂得生存的一切技巧，它知道如何躲避危险，知道如何捕获猎物，知道遇到任何事该怎样处理，许多动物都愿意向它请教。这一天，一只猫找到了狐狸，狐狸给猫讲了许多躲避危险的方法。这个时候，一只老虎突然蹿了出来，猫立即爬到了树上，惊慌失措的狐狸却被老虎抓住了。

3 法宝三：好学，持续不断地跟有结果的人学习

很小的时候，我们就在背“三人行必有我师焉，择其善者而从之，择其不善者而改之”，我们听多了凿壁偷光、囊萤映雪的故事，我们明白“路漫漫其修远兮，吾将上下而求索”，我们求索了无数年，结果呢?

我们依旧浑浑噩噩，我们依旧迷茫而不知所措，我们依旧朝九晚五过着无聊的生活，我们的人生依旧没有色彩，我们遥望着成功的金字塔，却徒然地在塔下徘徊，不知道该如何去攀登。我们甚至一度怀疑，好学有什么用?好学真的有用吗?

好学的结果让我们失望，我们质疑，我们无奈，但反躬自省，难道我们还不曾发现，我们错了!

错不在我们好学，而是错在我们没有找对老师!

人生很复杂，却也很简单；成功很复杂，却也很简单。因为，人生的成功只源于一个简单的问题，一个正确的答案，那就是我们该向谁学。

狐狸根本就没有躲避危险的能力，去向它学习如何躲避危险岂不是荒谬?的确，

狐狸的理论知识非常的丰富，它讲起道理来头头是道，可是，实践呢？它有实践经验吗？它成功地躲避过危险吗？看看它被老虎轻易抓住的结果，我们就知道，它没有！

叶公好龙举世皆知，叶公对龙的了解超越了当时的所有人，然而，那又如何呢？当真龙出现的时候，第一个被吓傻的恰好是叶公！

一个乞丐是无法教会我们如何致富的，一个瘸子是无法教会我们长跑的，一个没有成功过的人，也不可能教会我们如何成功。

好学是好事，好学是一种品格，但好学却不应该盲目，我们好学，就应该去向有结果的人学习。和没有结果的人学习，我们的学习也终将没有任何的结果！

如果你想学习如何赚钱，一个清贫如洗的专家和一个成功的企业家，你会选择哪个做老师？很明显，没有人会选择前者。

人生百年，时间太过匆匆，我们不可能将所有的书都读一遍，我们不可能将所有想做的事情都去做一遍，所以，我们要去学习，向做过的人去学习！因为他们实践过，因为他们已经有了结果！

想要打败老虎，我们要找的不是虎类研究专家，而是武松！不是吗？

原一平是日本的销售之神，他的成功传奇不可复制，在刚刚踏入销售领域的时候，他也充满茫然，手足无措。然而，他的迷茫没有持续多久，因为他长着一张嘴，他会请教，会询问。

他去向所有卖出过保险的销售员请教，不论他们卖出了多少！即使他们只是卖出了一份，他们同样有着卖出这一份的成功经验。

正如同世界上没有一模一样的两个人，成功同样无法复制，每一份成功都是独一无二的，而只要我们将这份独一无二“吸收”过来，它就会化作养料，孕育出新的成功。

就如原一平，他请教了所有成功过的前辈，他将所有前辈卖出保险的经验全部都化成了自己的，所以，他变得“阅历丰富”。面对客户的拒绝、质疑、留难，他从来都不会惊慌，因为曾经被拒绝、质疑、留难过的前辈告诉了他该如何去处理。

最后，原一平成功了，最不看好的“矮子”销售成功了，他向所有人证明了干销售，他是“这块料”。而他的成功，与他的好学、会学、学以致用是分不开的！

现实生活中，我们许多人都叫嚷着向这个学习，向那个学习，我们习惯去“跟风”，我们最常做的事情便是从众。别人说要学雷锋，我们也学雷锋，别人说要学浩南哥，我们也去学浩南哥，但这合适吗？这种学习不是无用功吗？

我们应该学习，但我们要学习的却不是所有人，而是有结果的人，是我们需要的有结果的人！

譬如一个销售员，他应该学习的榜样是乔·吉拉德，是原一平，是博恩·崔西，而不应该是雷锋，不是吗？

子曰：“敏而好学，不耻下问。”我们的确应该下问，不仅要下问，还要上问、中问，关键不是我们要怎么问，而是我们应该问谁！

人生就像是打靶，工作也像是打靶，我们每个人都有自己的靶子，每件事也都是一个靶子。我们需要射击，我们更要射中靶心！

射中靶心就是有结果，没有射中就是没有结果！

没有结果的人能告诉我们怎样打中靶心吗？不能！

目标什么的，我们都有，想要实现目标，我们就要去请教那些已经将目标变成结果的人，如是，做的才是有用功，我们才能得到结果。这一点，请切记！

丹尼是一个年轻的法官，他的老师林德妮大法官德高望重。这一天，丹尼陪着老师来到监狱，看望一位被老师判处了死刑，第二天就要行刑的犯人。到了监狱，林德妮问犯人："你还有什么话要说，我可以帮你转达。"犯人瞪着林德妮，破口大骂。丹尼很生气，和犯人对骂起来，林德妮则只是微笑。丹尼不解，问："老师，您为什么不生气？"林德妮指了指犯人说："他杀人，是因为别人辱骂了他的妻子，他控制不住自己的愤怒；现在他骂我，我就应该愤怒吗？如果是，那我岂不是也和他一样成了情绪的奴隶。"

4 法宝四：控制情绪，学做情绪的主人

刑法中，有一种罪行，叫作激情犯罪，现实生活中，我们也常常听到一句话，叫一时冲动。一时冲动酿成大错，激情犯罪悔恨终生的例子比比皆是，但前车之鉴，后世可曾视之为师？

每一个人都有情绪，快乐、悲伤、愤怒、兴奋、无奈……种种情绪交织构成了我们丰富多彩的人生。一个人若是没有了情绪，就像是一朵花失去了花瓣，再也不会绽放它的美丽。

情绪对我们来说很重要，不可或缺，然而，这个世界上有黑就有白，有对就有错，情绪也同样如此。情绪就像水库中的水，平常的时候温柔而平静，一旦咆哮泛滥，造成的便是洪灾，伤害别人的同时也伤害自己。

我们害怕洪水，我们痛恨开闸的人，殊不知，水库的闸门一直都掌控在我们自己手中，如果我们不想将它打开，它就永远都不可能被打开。

世界著名潜能学大师安东尼·罗宾曾经说过："成功的秘诀就在于懂得怎样控

制痛苦与快乐这股力量，而不为这股力量所反制。如果你能做到这点，就能掌握住自己的人生，反之，你的人生就无法掌握。”

确实，冀望成功的人有很多，成功的人却很少，而这少部分成功的人无一例外都是情绪的主人而不是奴隶！

罗尚是宏成地产公司的一名售楼员，他的业绩很差，两个月的时间都无法卖出一套房子，为此，他很苦恼。寻思良久，他决定去向最好的朋友嘉泽取经，因为嘉泽是公司的销售冠军。

罗尚找到嘉泽，说出了自己的请求，满以为嘉泽一定会给自己一个满意的答案，没想到嘉泽却摇摇头，冷酷地说：“不行！我不能告诉你！”

听到嘉泽的话，罗尚感到非常的愤怒，瞪着嘉泽大骂：“浑蛋！你个自私鬼！你忘了我过去是怎么帮助你的了，你……”

罗尚骂了十分钟，嘉泽一直微笑着看着他，等到罗尚骂累了，嘉泽才开口：“当客户拒绝你的时候，你也骂他吗？”

罗尚一下子愣住了！

想想自己销售时的表现：被客户拒绝的时候，马上就会“变脸”，甚至拂袖而去；被客户质疑的时候，总会面红耳赤地与之争辩；被客户忽视的时候，心里就一百个不痛快。

越想，罗尚就越觉得羞愧，他郑重地向嘉泽道了声谢之后，跑了出去。

想想我们自己，我们是罗尚还是嘉泽，我们有没有“变过脸”呢？

一个销售员，被拒绝、被质疑、被忽视，甚至被客户赶出家门不是很经常的事情吗？这个时候，如果我们无法控制住自己的情绪，任由情绪的洪水泛滥，那么，灾难的后果我们就必须自己去承受！

情绪永远都是欺软怕硬的，我们越是害怕它、顺从它、纵容它，它就越肆无忌惮；相反，若是我们不怕它、反抗它、镇压它、控制它，它就会变得无比驯服乖顺。就像前文中提到的林德妮大法官，她无疑正是控制情绪的高手！

原一平在出道的时候，因为身高的原因受到了无数的蔑视，他被“定性”为不是干销售的料。他不愤怒吗？他愤怒！但他很好地控制住了自己的愤怒，并化愤怒为动力，创造了属于自己的神话。

汤姆·霍普金斯曾经一事无成，换作其他人，肯定会为自己的“无能”颓丧懊悔，被悲观的情绪控制一生，但汤姆没有，他用自己强大的心灵战胜并控制住了自己的情绪，所以他成就了营销史上的一段神话。

情绪，就是挡在成功路上的一个袋子，这个袋子很神奇，如果我们用脚去踩它，它会越踩越大，一直大到和山一样；如果我们试图绕开它，它会越来越“胖”，直到封锁所有的道路，让我们无路可走；但如果我们轻轻地俯下身，将它拿起来，将它揣在怀中，我们却能轻易地走向成功。

因为，揣在怀中的情绪袋的“命运”由我们来主宰！

朋友，看到你的情绪袋了吗？你，把它揣进怀里了吗？如果没有，还等什么，赶快行动吧！

森多拉公司最近要提拔一个部门经理，丽萨和约翰都是候选人。眼看着明天就到董事会召开的日子了，丽萨感到寝食难安，她想去找董事长谈谈自己的想法，想去“推销”一下自己，可她又有些不好意思，这不是赤裸裸地去“跑官”吗？丽萨犹豫了。而在她犹豫的时候，约翰扛着一箱子董事长最爱吃的水蜜桃不请自来地“闯进”了董事长的家，直言：“董事长，我知道您家里不缺水果，但我不好意思空手进门。我来，就是想毛遂自荐，我认为自己更能胜任部门经理的职位。”第二天，董事会上，约翰果然成为了胜利者。

5 法宝五：厚脸皮，优秀销售员的必杀技

“职场如战场”，这句话我们每个人都听说过，甚至我们本身都是这“战场”中的一员，可是按部就班、看上去安逸的生活却让我们忘记了这是一个“战场”。就像丽萨一样，我们会犹豫，会胆怯，会举棋不定，会怕别人在背后说闲话，我们害怕“脸皮比城墙还厚”的评价，然而，我们却从没有想过，若是“城墙”不够厚，我们怎样抵挡别人的进攻，我们该怎样取得胜利？

战场上，没有黑白，没有对错，唯有战胜者与战败者！战胜者享受鲜花与掌声，享受英雄的欢呼，坐拥一切！失败者则只能蜷缩在阴暗孤寂的角落里，默默地舔着伤口，无奈地等待着毁灭。

这不是危言耸听，走进社会之后，我们都应该明白这种从来都无法真正掩饰的残酷。

优胜劣汰，弱肉强食，事实便是如此的简单！

想想吧，你是不是因为不好意思在作弊之后去向老师求情而被记大过？你是不

是因为不好意思在领导面前说些奉承话而错失了被提拔的机会？你是不是因为不好意思去贸然敲开客户的门而让自己当月的业绩亮起了红灯？你是不是因为不好意思去找楼上的“摇滚党”理论而彻夜无法入眠？你是不是因为不好意思砍价而被精明的店家狠狠地宰了一刀？

你告诉自己“人要脸，树要皮”，脸面对你来说是那么的重要，但要脸归要脸，为什么不能要个“加厚型”的脸呢？“加厚”了的脸皮，不仅“防御力”超凡脱俗，“攻击力”那也是相当犀利的！

瞧瞧约翰，再瞧瞧丽萨，脸皮厚的优势你还不能明白吗？

厚脸皮，实际上也是一种竞争力啊！

职场的确是没有硝烟，但职场的战争却比有硝烟的战争还要可怕十倍、一百倍、一千倍、一万倍！

读过李宗吾先生《厚黑学》的人都知道“厚而无形，黑而无色”，这可是圣人才能达到的至高境界。我们只是普通人，我们做不到厚而无形，但我们单单做到“厚”，却还是不难的。

程岩是明城保险公司的业务尖子，谈到自己的成功经验，程岩只说了一句话：“厚脸皮，通吃天下，不要怕客户恨你、烦你、厌恶你，因为他恨你、烦你、厌恶你，说明他的眼里还有你，大脑中还有关于你的痕迹。真要是客户不恨你、烦你、厌恶你，而是直接把你当空气了，你才该去哭一场。”

古代江湖中有一句话叫不打不相识，有的时候，让客户烦你，和你“打”起来，也不失为一种迅速接近客户的手段。程岩清楚地记得，在开发西南区潜在客户的时候，因为他经常打电话去“骚扰”，并锲而不舍地坚持了一个月，一位不胜其烦的客户李先生报了警。警察找到程岩，对他进行了思想教育，但被教育后的程岩却“劣性”不改，继续骚扰李先生。李先生忍无可忍，终于答应和程岩面谈。结果原本计划到时候大骂程岩一顿的李先生却在和程岩见面后相见恨晚。两人很快成为了好朋友，李先生也爽快地购买了程岩公司的保险，这之后，还不时地介绍几个朋友和客户给程岩。

试想，若是程岩的脸皮不够厚，会有这样的“惊喜”吗？

当然了，我们这里说的脸皮厚，并不是指不要脸，耍无赖。脸皮厚也是要讲原则的！厚而有信，厚而不欺，厚而有度，厚而变通。这是厚脸皮必须要坚守的四大原则。希特勒和罗斯福脸皮都不薄，但希特勒的脸皮厚，厚得却没有原则，所以他成为了史上最臭名昭著的政治流氓。罗斯福脸皮也厚，但厚得有原则，他兑现了向美国人民许下的承诺，所以，他是美国历史上最伟大的总统。

不要奇怪，不要感慨，这个世界本就是如此的不可思议。

毛遂自荐算是厚脸皮吗？去和导师交流交流感情有什么不对？不敢在领导面前说“我能行”，与其说是脸皮薄，还不如说是不够自信。

天上有一个大大的、鲜红的、饱满的仙桃，但仙桃会自己落下来砸到你的脑门上吗？不会！伯乐只有一个，千里马却常有，能被发现的千里马有多少，千里马为什么不“厚脸皮”地去寻找自己的伯乐呢？

在销售领域中，客户就像是仙桃，是伯乐，仙桃不会自己砸到业务员的身上，业务员若是不上门推销自己的“千里马”，“伯乐”们也不会知道原来“千里马”就在这里。吃几回闭门羹怎么了？客户没有好脸色怎么了？被呵斥被拒绝有什么？只要成功地将“千里马”卖出去，就是我们最大的胜利，不是吗？

销售，销售，先销而后售，不厚脸皮地将自己“销”出去，售又从何谈起？

所以，不要惧怕冷言冷语，不要在意黑脸白脸，被赶出来了难道你不会再进去？被摔电话了难道你不会再打？记住，腿长在你自己的身上，嘴也长在你自己的身上，客户管不了！厚着脸皮进去一次、两次、三次，也许第四次，你就能留下！

一个优秀的销售员，制胜的最强法宝便是厚脸皮。这一点，我们无论如何都必须牢记！因为，记住了，做到了，我们的脚下便是成功！否则，一切免谈！失败者是不值得怜悯的，不是吗？

路达在海滩边捡到了一枚非常漂亮的鹅卵石，鹅卵石上天然形成的蝴蝶纹梦幻而绮丽。路达将石头带到金童饰品店，想要以十美元的价格卖掉，可饰品店的老板只是轻轻地瞥了满身风尘、穿着牛仔裤的路达和他手里的“破石头”一眼，就把他赶了出去。第二天，路达换上一身笔挺的名牌西装，将石头用天鹅绒包裹着放进一个异常精美的木盒中，再次来到了金童饰品店。老板见了，笑容满面地迎接了他，并开价十万美元买下了蝴蝶纹的石头。

6 法宝六：人要衣装，佛要金装

人常说：“人不可貌相，海水不可斗量”，但有的时候，人的确是可以貌相的，海水也是可以斗量的。

路达还是那个路达，石头还是那块石头，饰品店还是那家饰品店，一块本来卖十美元都没人要的石头转眼间就卖出了十万美元的天价，为什么？

很简单，因为包装！路达对自己和石头都进行了包装！而类似路达和石头这样的包装，在我们的生活中其实屡见不鲜。

走在路上，看到两个人，一个穿着洗得发白的牛仔裤、骑着自行车，另一个则穿着阿玛尼、开着玛莎拉蒂，你会认为哪个人更有钱？

货摊上，放着两个苹果，一个外皮脏兮兮的，还带着残叶，另一个则用最精美的包装纸包裹着，干净漂亮，要你选，你会买哪一个？

也许，骑自行车的那位是个低调的亿万富翁，也许包装纸里的苹果并不甜，但，谁又知道？知道了，又会如何？

我们常常嘲笑暴发户，嘲笑他们带着狗链一样粗的金项链招摇过市，不知所谓，十足的土包子。可嘲笑归嘲笑，我们的大脑还是会第一时间向我们反馈一条信息，那就是——这家伙很有钱。同样的效果，绝不是一个身无长物的亿万富翁能够造成的，不是吗？

日常生活中，我们买东西，其实和在路上看“暴发户”没有什么区别。商品好不好，内在价值高不高，并不是我们凭着眼睛就能够看出来的，所以，出于一种趋利避害、趋美避丑的天性，我们往往都会选择那个看上去好的、干净的、漂亮的，不是吗？

1898 年，可口可乐公司从鲁特玻璃公司一名名不见经传的员工亚历山大・山姆森手中花费六百万美元的天价买下了一只玻璃瓶的专利权。这款精美、大方、实用的玻璃瓶是山姆森从女朋友的筒裙上找到灵感设计出来的。可口可乐公司买下了它，并在同年用它包装了可口可乐。结果，本来销量十分低迷的可口可乐竟然爆发了小宇宙，两年内销量整整翻了一倍还多，销售利润破亿。

可口可乐变了吗？没有！可口可乐还是从前的可口可乐，只不过是换了一个包装，受欢迎程度却陡然提升了数倍，这是多么的神奇！

事实上，同样的奇迹在香奈儿五号的身上也曾经上演过。相比于其他香水繁复精美的包装，五号香水的“衣服”简单而怪异，然而，正是因为这份简单、这份怪异、这份与众不同，自从问世以来，香奈儿五号一直备受时尚女性的青睐。

诸如此类的案例还有很多，这似乎足以引起我们的深思。

古人说：“酒香不怕巷子深”，但现在却是“酒香也怕巷子深”！没办法，市面上，“酒”是那么的多，谁会有事没事跑到“小巷中”去闻“酒香”呢？即便闻到了，那样简陋的小巷也会让人以为是“嗅觉”出现了问题吧？

你会相信一个打扮得像乞丐的人手中拿着的是绝世珍宝吗？你会相信一个开法拉利的人手中拿的是廉价的地摊货吗？人的心理便是如此的奇怪，习惯去定性，习惯去以貌取人，更习惯去以貌取物，这一点，似乎是天性，很难改的了。毕竟，大多数的人都在这么做，不是吗？

人靠衣装，佛靠金装，这句话虽然有的时候让我们嗤之以鼻，但我们却无法否认这绝对是金科玉律！

想想吧，每年中秋，卖得最火的是散装月饼还是精品月饼？每年情人节，卖得最火的是散装巧克力还是包装精美的德芙？精品月饼“高贵”在哪里？德芙又“漂亮”在哪里？没错，是衣服！是包装！

当然了，“衣服”要“漂亮”只是一方面，商品的品质也是不能忽视的，只有一个“漂亮”的人穿上漂亮的衣服，才是真正的漂亮；一个“丑八怪”，即便是用漂亮的衣服和精美的装扮迷惑了别人的眼，到最后也终究是会被拆穿的！

我们所说的包装，不是弄虚作假，不是蒙骗客户，而是建立在自身品质之上的一种提高知名度、吸引眼球的手段！这就像一个销售员去卖房子，他可以用鲜花和水晶将一栋大房子打扮得非常美丽，却不可能将一栋小房子打扮成大房子！

包装，是一种掩饰，掩饰的是瑕疵，却不是缺点；包装是一种放大，放大的是美丽，而不是谎言。包装好了，把自己卖出去，其实不失为成功的一种捷径！

你想成功吗？你想“卖”自己吗？你想成为销售精英吗？你想吸引“客户”的眼球吗？你想走上更高的“货架”，卖出更高的“价钱”吗？如果你想，找一件漂亮的金缕衣，将自己“包装”起来吧，那之后，你会发现，原来生命真的可以如此璀璨，给自己“换换装”，给商品和服务“贴贴金”，这没什么不好！

“滚滚长江东逝水，浪花淘尽英雄。是非成败转头空。青山依旧在，几度夕阳红。白发渔樵江渚上，惯看秋月春风……”悠扬的歌声总唱不尽无尽的沧桑。多少次，我们悲叹过三国的乱世苍凉；又多少次，我们悲叹过孔明的英年早逝。若诸葛亮没有病死五丈原，魏蜀吴三国的历史又将延伸到何方？没有人知道。但，总归蜀国不会在短短几年之内灭国，不是吗？

7 法宝七：保持运动，改变体质，让自己达到巅峰状态

我们曾经无数次地探问：“成功路上什么是最重要的？”，得到的答案五花八门，不一而足。有的人说是智慧，有的人说是耐心，有的人说是意志，有的人说是努力，有的人说是目标，还有的人说是机遇，但其实，错了，都错了，最重要的不是其他，是生命，是健康！

诸葛亮算是世界上最聪明的人吧，他多智近妖，他的智慧纵贯古今，为无数人所传诵，然而，这样的他，留下的不是蜀汉一统的霸业，而是“出师未捷身先死”的千古之殇。诸葛亮死了，他的霸业，他的宏图，他的抱负，他的理想，他一切的一切便都化作了武侯祠中的一抔黄土，什么都不是了！

伟大领袖毛主席曾经说过：“身体是革命的本钱”，这句话可称得上是至理名言。试想一下，若毛主席整日疾病缠身、病怏怏的、说几句话都气喘，他能领导共产党迎来抗战的曙光吗？他能豪迈地站在天安门城头向世界庄严宣告“中华人民共和国成立了”吗？

不能！绝对不能！

智慧、毅力、努力、勤奋、坚持、机遇、目标等，都是成功的孢子，它们能够在适当的时候适当的地点酝酿出成功，然而，“孢子”是无法移动的，孢子是无法脱离载体而单独到达彼岸的，孢子需要依托，孢子需要载体，而这个载体，就是身体，是生命，是我们的健康！

2012 年 12 月 23 日，FIT 输入法的开发者、广州新点科技创始人之一冯华君先生因病逝世，时年 31 岁。这个曾经慨叹“一身豪情壮志铁傲骨，原来英雄是孤独”的男人生命本该有无限的精彩，然而，癌症却让这份精彩在最炫目的时候戛然而止，就像那天际的流星，璀璨之后归于寂灭，这是何等的残酷而令人惋叹。

著名教育家郭沫若先生曾经说过：“年轻人有的是健康，因而他就浪费健康，一旦觉得健康宝贵的时候，那犹如已经把钱失掉的败家子，是已经失掉健康了。”

世界首富、微软帝国掌门人比尔·盖茨也曾经说过：“没有任何一件东西比健康更重要。”

金钱失去了，我们可以再赚；权力失去了，我们可以重新夺回；荣耀失去了，我们可以去争取新的荣耀；但健康失去了，我们又拿什么去找回健康？生命只有一次，健康不可复制，透支就是透支了，再怎么弥补，也无法挽回一副健康的体魄，不是吗？

33 岁的王耀军，是某大型国企销售部的经理，事业有成，人也英俊，在所有人眼中都是一个不折不扣的钻石王老五。可除了王耀军自己，没有人知道，他正准备向公司递交辞职报告，因为他的身体已经受不了了！

23 岁那年，王耀军懵懵懂懂地成为了一名销售员，十年间，为了搞定一个大客户，他可以没日没夜地奔波千里去制造“偶遇”；为了签下一个单子，他可以每天都看资料到深夜；为了练习沟通技巧，他常常忘记吃饭……十年后，他终于踏上了巅峰，然而，踏上巅峰的同时，他却轰然倒下了！

在被任命为销售部经理的那一天，王耀军被查出了肝癌，而且是晚期！

是造化弄人吗？不！因果从来都不是天定，而是人为，我们收到的每一枚果实，无论是甜果还是苦果，其实都是自己种下的，滋味如何，自然也就只有自己来品尝！

没错，我们需要梦想，我们要实现愿望，我们要拥抱成功。我们为了自己想得到的一切去拼搏、去奋斗、去努力，我们觉得那理所当然，不就是不吃饭吗？不就是熬夜了吗？有什么关系？为了成功，做出一点儿“小小的牺牲”难道不应该？

然而，这个“牺牲”真的“小”吗？我们牺牲了健康，牺牲了身体，透支了生命，换来了成功，换来了荣耀，可是没有了健康，没有了生命，我们又拿什么去享受荣耀，享受成功？

健康是“1”，成功、荣耀、地位、财富、权势等全部都是“0”，失去了成功与财富，我们还有健康，我们还有“1”，所以，我们并不是一无所有，但假如我们得到了无数的“0”却失去了必须添加在“0”前面的“1”，我们就注定一无所有。因为，失去了“1”的“0”，其存在根本就没有任何的价值和意义。

所以想要成功吗？先拥抱健康吧！保持运动，改变体质，让身体达到巅峰，让“机器”永远都充满活力，成功才不可能是过眼云烟般的玩笑！

还是那句话，身体是革命的本钱，没有了健康的身体，一切都是虚妄。健康是一块基石，成功、财富、荣耀等全部都摆放其上，失去了这块基石，所有的所有都会被摔得粉碎。这绝对不是危言耸听。

朋友们，还等什么呢？去锻炼吧，去运动吧，去精心守候自己的健康吧！身体都没有了，身体中沉眠的雄狮这辈子都不可能醒，甚至根本就不会存在了，不是吗？

“某某是我命中的贵人”“谁谁谁根本就没那么大的本事，他成功，是因为有贵人帮他”“要是我能遇到我生命中的贵人，我也能成功”……这样的话你听到过吗？这样的话你说过吗？这样的话你想说吗？这样的话你将来会说吗？你说过？你遇到过吗？你遇到了？你抓住他了吗？扪心自问，给自己一个答案，然后，接着看下面的话。

8 法宝八：贵人出现时，要抓住他

对“命中贵人”这个词，我们实际上并不陌生，算命先生都爱这么说，不是吗？

乍一听，贵人这个词似乎是有些玄乎，有些唯心，有些不知所谓，谁是谁的贵人呢？这个世界上要真的有贵人，那还要努力干什么？还要拼搏干什么？大家都放下锄头，放下饭碗，放下一切，去寻找贵人好了？

可是，话能这么说吗？这么说未免也太片面了！

“贵人”这个东西究竟是什么呢？是一个人！这毋庸置疑！这个人是谁？既然叫作贵人，那总归是要有“贵”的地方吧？是身份显赫？是地位崇高？是财富惊人？还是权势滔天？

瞅瞅，身份显赫？地位崇高？财富惊人？权势滔天？这样的人那不都是高高在上的吗？这样的人不都是站在金字塔巅峰的吗？这样的人不是都生活在“另一个世界”的吗？我们都是凡人一个，就是个普普通通的小老百姓，想和这样的人物有交集，实在是太难了！与其期待这样的“贵人”，还不如老老实实工作来得实在和实际呢。

错！大错特错！从一开始就错了！“贵人”并不是“贵”人！“贵人”有时候也都是凡人，就在我们的身边，只要是能给我们的人生轨迹带来重大的改变，只要能让我们的生命达到“质变”或者“跃迁”的人，其实都可以尊称一声“贵人”。哪怕他是一个乞丐，只要符合条件，这声“贵人”他也当之无愧！

严苛的上司、挑剔的同事、和善的长辈，亲善的朋友等与我们的人生存在交集的人，其实都有可能成为我们的“贵人”！贵人并没有“脸谱化”，谁也没有规定贵人一定就是怎样怎样的，或许那个留难过你的客户就是你的“贵人”，或许那个总是唠叨你的办公室主任就是你的“贵人”，或许……

很多人埋怨自己的生命中没有“贵人”，但实际上，每个人都可能是你的“贵人”，“贵人”也总会在经意或不经意间出现在你的身边，而能否成功，并不在于你到底遇没遇到贵人，而在于当贵人出现的时候，你有没有抓住他！

绿英是北京一家建材公司的销售员，主要卖的是瓷砖，因为不是十分擅长拍马屁、心眼也有点儿实，她的销售业绩并不好，时不时地就会被老板当作反面典型批判批判。

2012 年夏天，公司在海南的一位阿拉伯籍的大客户突然提出退货的要求，并表示以后不会再与公司合作，老总非常纳闷非常焦急，听到消息后立即带着公司特聘的翻译赶赴三亚。没想到，还没到三亚，翻译突然撂挑子不干了，老总心急如焚，重新再找翻译根本就来不及了，于是稍微懂点儿阿拉伯语的绿英就被病急乱投医的老总叫了过来。

在飞往三亚的班机上，绿英认识了一位博学的老夫人。老夫人就坐在绿英旁边的座位上，一路上两人聊得很开心。聊了一会儿之后，老夫人要去卫生间，绿英起身搀扶着她过去，然后在门口等着她。

可是十分钟过去了，老夫人还没有出来，绿英心里有些不安，轻轻地唤了两声，也没有得到老夫人的回应。她立即推开卫生间的门，走了进去，却看到老夫人扶着洗手台，面色惨白、浑身冒汗、呼吸非常急促、左手按着心口，右手伸向口袋，似乎要从里面掏什么东西。绿英赶紧跑过去，从老夫人的口袋中掏出一个药瓶，将里面的速效救心丸拿给她吃。

过了 15 分钟，老夫人的呼吸才变得均匀顺畅。绿英扶着她回到座位，并一直照顾她，直到飞机降落。

对绿英的“救命之恩”，老夫人非常感激，下机的时候执意向绿英要了电话，还邀请绿英去家里做客。绿英笑着婉拒。

到了三亚，找到老总，二人再次来到大客户的公司，可是见面并不顺利，客户执意要取消合同，两人软磨硬泡，使尽浑身解数后无果，只能放弃，准备回去。而就在返程的前一晚，绿英接到了老夫人的电话，老夫人说，无论如何也要请绿英吃顿饭，表示一下感谢。绿英答应了。

饭局就在老夫人家中，老夫人的丈夫和儿子都在，在看到老夫人的儿子时，绿英惊呆了，因为这个儿子，正是那位阿拉伯籍的大客户！

一顿饭吃得宾主尽欢，吃完饭后，满心感激的大客户也当场松口，答应继续合作，并追加了订单。绿英满载而归，受到老总的嘉奖，很快就被提拔为公司的销售副总。

无疑，老夫人便是绿英的“贵人”，没有老夫人的帮助，大客户不会回心转意，但话又说回来，如果绿英没有帮助老夫人，没有因为担心而冲进卫生间，从而挽救了老夫人的性命，事情恐怕又会朝着另外一个方向发展吧。毕竟仅仅凭着飞机上几句话的交情，让一个大客户改变商业决策是不可能的！

所以，“贵人”什么的，只有抓住了，那才是真正的贵人。机遇什么的，只有抓住了，才是真正的机遇！

机会总是垂青有准备的人，“贵人”又何尝不是呢？如果绿英是冷漠的，如果绿英不那么乐于助人，如果绿英和老夫人如过客般擦肩而过，“贵人”又何从谈起呢？

想要别人成为你生命中的“贵人”，那么你首先就要成为别人生命中的“贵人”，这一点，我们必须记住。

Chapter 5

成功者在踏上跑道的那一刻，就将心中所有的犹豫、懈怠、拖延通通都当作垃圾清理了出去，留在他们心中的，便只剩下努力与坚持。

问：“要把产品卖出去总共分几步？”

答：“要把产品卖出去总共分三步。”

问：“哪三步？”

答：“第一步，和客户见面；第二步，向客户介绍产品，把产品卖给客户；第三步，从客户手中拿到钱。”

1 推销产品先要推销自己

销售是一件简单的事情，同时，销售也是一件复杂的事情。

说它简单，是因为，只要客户决定购买，销售就是一个产品交易的过程；说它复杂，是因为，想让客户决定购买并不是一件容易的事情。

在我们的日常生活中，买和卖、推销与被推销可以说是最平常不过的事情了。但如何买，如何卖，如何推销，如何被推销，明白的人其实并不多。

我们每个人，无论从事什么行业，无论职位是高还是低，无论我们身处何时何地，无论我们的角色怎样变换，其实，我们从头到尾都不过只扮演了两个角色——推销员与客户。

有人说：“除非营销发生，否则就什么都没有发生。”这句话听起来非常有道理，也的确非常有道理。我们在工作，我们的公司生产产品或提供服务，我们的任务就是把这些产品和服务推销出去，否则，公司就会倒闭，我们就会失业，在这个体系中，我们扮演的是“推销员”。同样地，其他的人也有工作，其他的人也在推销自己公司的产品和服务，对他们而言，我们就是推销对象，所以，我们是“客户”。

客户很好当，因为身为推销员的我们知道，客户就是上帝，客户所说的一切都是对的，客户要做的就是表态，买或不买，喜欢或不喜欢。而推销员却很难当，因为我们要让客户选择买，要让客户选择喜欢！

这么说，或许有些饶舌，好吧，我们就说得直白一点儿吧。如果一个你非常讨厌的人上门去向你推销商品，你会买吗？如果你的仇人对你说：“来，买点儿东西吧”，你会顺他的意吗？如果一个你根本就不信任的人对你说：“这件东西很好很实惠”，你会信吗？你会傻傻地购买吗？显然不会！除非你疯掉了！

看吧，事情就是如此的简单！

想卖东西是吧？想成功推销产品对吧？那么就让你的客户喜欢你、信任你、接受你吧，只有客户接受、信任、喜欢你，才会爱屋及乌，进而接受、喜爱你所推销的商品，这是销售王国唯一的铁则！

世界上最伟大的推销员，创造了吉尼斯汽车销售纪录的销售大师乔·吉拉德曾经说过：“推销的要点是：‘你不是在推销商品，而是在推销你自己。’”如果你连自己都推销不出去，如果你的客户根本就不知道你，不接受你，不信任你，又怎么可能接受你的产品呢？

在推销自己这方面，乔·吉拉德做得很好。他用名片和贺卡双管齐下的战略，成功地完成了他的销售壮举。

乔·吉拉德有很多名片，每到一个地方，他都会抛撒他的名片。体育场内，他在欢呼声中将名片撒出去；演讲台上，他最习惯做的就是像天女散花般将名片散下去；走在路上，他也会随时递给陌生一张名片；他的脚步走到哪里，他的身影出现在哪里，他的名片就会飞扬到哪里。

虽然，有些时候，这些名片会被随手丢弃或者束之高阁，但更多的时候，尤其是人们想要买车的时候，却会想起，体育场上那个撒名片的怪人，想起“哦，那个家伙是卖汽车的”，于是，乔·吉拉德的潜在客户就有了。

只要客户想起了他，双方接触了，那么他就会用自己的贺卡战略彻底俘获客户的心。想想吧，一个人，几年如一日，每个月都会寄一张贺卡给你，不分寒暑，从不间断，你会不感动吗？你会不喜欢他吗？你买汽车的时候会不优先考虑他吗？

客户也是人，客户和推销员其实没什么差别，只要推销员能让客户感受到他的真诚与善意，让客户明白自己并没有被欺骗，明白这个推销员真的是在为自己着想，那么，销售就会变得非常简单！

一只气球，之所以能够高飞，是因为它的内部充满了氢气，而不是因为它的颜色是红色或黑色；同理，一个推销员之所以能够让客户掏钱签单，凭的是自身内在的品质，而绝不会是相貌（当然客户是色狼或花痴除外）。

贾静是平安保险公司的销售“明星”，她曾经接待过一位客户，这位客户想要为自己和太太分别购买两份保险，两份保险加起来保额达到三千万元。接到这样的大单，贾静当然很高兴，可是，她回去计算之后发现，如果将两份保险合在一起购买，保障内容相同，花费的钱却只有两千五百万元。

发现这一点后，贾静立即拜访了这位客户，向客户说明了其中的差别。客户听后，对她异常感激。从那以后，就把她当作了真正的朋友，为她介绍了不少客户。贾静虽然看似在这位客户身上亏了钱，少得了不少提成，但客户给她介绍的其他客户，却足以弥补这些损失。

无疑，贾静成功地推销出了自己。她凭的是什么？是她设身处地为客户着想的诚心！

贾静成功了，我们呢？我们成功了吗？

有的时候，产品真的不重要，重要的是推销员自己。推销之战，打的也不是产品之战，而是认知之战！能否成功地推销自己，正是认知之战胜负的关键。成则战胜，推销顺顺利利；败则战败，推销什么的，就不要再提了。事情便是如此简单。你，明白了吗？

> 看到路边的乞丐，你的第一反应是什么？同情还是厌恶？一个乞丐一样的人按了你的门铃，你的第一反应是什么？赶走他还是留住他？一个着装得体、温文尔雅的人站在你的面前，你的第一反应又是什么？请他离开还是和他愉快地交谈？

2 要给客户最好的第一印象

中国有句古话，叫“人靠衣装，佛靠金装”。一个衣着光鲜、整洁的人总是能比衣衫不整的人收获更多的好感，一尊镀金的大佛总是比泥塑木雕的佛像更能让人感受到庄严。或许衣衫不整的那个人才是真正才华横溢的，或许泥塑木雕的才是真神，但真神什么的，我们不知道，那太遥远，我们更愿意相信“眼见为实”。

推销员第一次拜访客户，双方肯定是不相识的，既然不相识，客户自然不可能了解这个推销员是草包还是金子，在没有进一步接触的欲望之前，客户也不会有了解的兴趣。他只要关注站在自己面前的这个人自己看着舒不舒服、愿不愿意让他走进家门，就够了。

曾经，一家家电公司的销售员上门去推销彩电，但因为前天熬夜、睡得很晚，第二天为了不迟到又匆匆忙忙地出门赶车，等见面时，这位推销员看上去十分邋遢。客户和他交谈了不到五分钟，就客气而礼貌地请他离开。等他离开后，客户对自己的妻子说：“这家伙真邋遢，我看着就不舒服。”

你熬夜了？你是因为害怕迟到、害怕客户等待才如此匆忙？对不起，就算你有千千万万个理由，但在客户那儿都是废话，客户不会听你的解释，也没有兴趣听你的解释。客户只会相信自己的眼睛，相信自己的感觉，相信一个既定事实：这个推销员很邋遢，我不喜欢他！

第一次见面，客户就对你产生了邋遢的印象和不舒服的感觉，那还会有第二次见面吗？这很难说，不过，通常情况下，是不会有的！就像那位彩电销售员，此后，他也曾衣衫整洁、打扮得精精神神地多次登门拜访，但都被客户拒之门外。

客户的大脑就像是一架照相机，第一印象就是推销员留在客户脑中的第一张相片，客户想起推销员的时候，总是会习惯性地去翻阅相片，而第一张相片永远都会被放在最前面。对这张相片的观感如何，决定着客户愿不愿意继续翻阅相片，也决定着客户愿不愿意继续存储第二张、第三张……第一百张相片。

很多时候，即便是第二张、第三张相片出现了，客户却依旧不愿意将第一张照片替换下来。

第一印象就是如此的神通广大，如此的根深蒂固，它用神奇的魔力迷惑着客户的心，这种影响一般都会持续相当长的时间。所以，推销员如果想要成功地打开客户购买的大门，给客户留下一个最好的第一印象非常的重要。

调查显示，许多客户购买商品时，看重的并不是商品的知名度或者质量，而是推销员的“质量”。若是这个推销员能让客户“爱”上他，那么即便产品存在一些瑕疵，客户依旧愿意“爱屋及乌”，做出购买的决定。

那么，怎样才能将最好的第一印象留给客户呢？

首先，推销员们必须注意自己的衣着。一颗包装精美的糖果和一颗草草包装的糖果，即便是一模一样的，我们也会更倾向于选择前者，不是吗？而衣着，就是推销员外面包裹的“糖纸”。这层“糖纸”越漂亮，你被选择和青睐的机会也就越大。

其次，单单“糖纸”漂亮是不够的，如果里面的“糖”不够甜、不够美味，推销员依旧会面临着被赶出去的尴尬。

所以，在确认自己的衣着不会被客户挑剔之后，推销员还要进行“内包装”。这个“内包装”一般说来分为三个方面：

第一，告诉客户你不是廉价的。有很多推销员，在拜访客户的时候总会表现得缩头缩脑、小心翼翼，不是满脸堆笑，就是谨小慎微、不敢说话或者说话的声音很小，这些都是要不得的！记住，这种“低人一等”的姿态不会让客户舒服，只会让客户讨厌。因为，客户需要的是一个平等的交谈对象，而不是一个“马屁精”，一个“胆小鬼”！

第二，让客户感觉到自己是重要的。推销是一个靠嘴吃饭的行当，许多推销员也十分愿意在客户面前彰显自己不凡的语言才能，因此见面之后总是滔滔不绝。但客户愿意听吗？客户不是来听演讲的！记住这一点！

事实上，有的时候，聆听比滔滔不绝的讲述更具有效果。

推销就像是打网球，推销员要做的，便是尽快将球打回到客户的手中，让客户感觉自己掌控了谈话的节奏，自己才是这场谈话的主角，那么，当他做出购买或不购买的决定时，才不会不舒服，才不会感觉自己是在被推销员牵着鼻子走。

切记，若是让客户感觉到“你在替他做决定”“你在强迫他做决定”，那么恭喜你，你不失败都很难。

第三，永远不要忽视肢体语言。进入客户的门，和客户进行了交谈，交谈也相当的愉快，这就代表着胜利吗？不！这样的进展离“最好的第一印象”还很远。要知道，除了口头语言，我们的肢体语言和实际行动更能表现我们真实的涵养。

你的确衣衫整洁，谈吐温文，然而，你却习惯性地随地吐了一口痰，这看在客户的眼中该是何等的不合时宜，何等的令人厌恶。

你的话语听上去很真诚，你的描述天花乱坠，可是你的眼神却是闪烁的，你眼底深处隐藏着轻蔑，你的嘴角总是带着一抹得意的笑，似乎在嘲笑客户的无知。这样可以吗？不要把客户当作瞎子或傻子，客户的眼睛是雪亮的，心也是雪亮的。你的“表里不一”，只会让客户下定决心将你从他的人生中删档！

当然了，除了以上三点，推销员进行自我包装和推销时要注意的还有很多，总之，你的言谈举止，你的动作眼神，你的一举一动都会像镜子一样折射出你的“原形”。想要给客户留下好的印象，最重要的还是要提高自身的涵养、礼仪和素质。

“金玉其内＋金玉其外”这才是最真实、最简单、也最有效的打造最好第一印象的方法。推销员们，请永远不要忘记这句话。

世界上最伟大的推销员，地产销售吉尼斯世界纪录保持者汤姆·霍普金斯有一条销售信条，那就是让客户相信：我的产品不是最好的，但却是最适合你的，是唯一而不可替代的！

3 证明你就是“唯一”

现代社会，竞争是如此的激烈，一家企业，一种产品，想要做到垄断，想要做到永远领先同侪，已越来越困难，越来越不可能。同类的产品如此多，同种的服务已经泛滥，买你的也是买，买别人的也是买，我们又凭什么让客户对我们青眼有加？

产品的优势？服务的优势？好吧，这的确是不可或缺的！同样是卖苹果，同样是十元钱一斤，如果你的苹果比其他商店的都要大、都要红，那么，只要顾客不是傻瓜，只要顾客不是特意来买小苹果的，那么你的生意就上门了，这毋庸置疑！因为你是“唯一”的！

然而，若是你的苹果和其他商家的都差不多，看上去也没什么出彩的地方，你要怎么在密集的苹果商中间把自己凸显出来呢？要知道，你的产品并没有什么优势，你卖的苹果的价格也不比别人低。什么？你说降价？降价的确是一个好方法，可是如果你不能保证薄利多销，你很有可能会赔本。更何况，你只是卖苹果的，苹果的主人并不是你，降价这种决定，可不是一个小小的销售员能够随意做出的！

好吧，你说你去申请，你去向老板陈述降价的优势，可是，那不需要时间吗？也许在你申请降价的同时，客户的钱已经进了别人的腰包！

当然，不可否认，降价的确也是一种好手段，当你的价格比其他商家都要低的时候，你就会成为“唯一”降价的那一家，同样也会吸引不少客户。

但降价有赔本的风险，这样的风险，你担得起吗？你的老板愿意担吗？这个问题委实是值得商榷的。

那么，究竟怎样才能盖压同行，在竞争中胜出，将产品卖到客户的手中呢？

很简单，你不是也已经知道答案了吗？对，就是唯一，证明你的“唯一”，证明你的产品和服务是唯一的，是不可替代的，是独一无二的！就是这样！

你有，你的同行没有，所以，毫无疑问，客户兜里的钞票会向你招手！

你说你的产品很普通？你说你的服务和别家没什么不同？不！这不可能！是的！这不可能！要知道，这个世界上从来都没有完全相同的两片树叶，也不会有完全相同的两件商品、两份服务。

所以，你的产品，你的服务，本身就是独一无二的，就是唯一的，你需要做的，不是去怀疑这种唯一，而是去向客户证明这份唯一。

在这方面，汤姆·霍普金斯将是你最好的导师。

曾经，汤姆毛遂自荐去帮一位地产商销售 18 套滞销很久的房屋。这 18 套房子，坐落于洛杉矶城郊，并没有任何的质量问题，相当的美丽，不幸的是，在距离房子不远的地方就是铁路干线，每天都会有三列火车轰隆隆地经过，那可怕的噪声让许多客户都望而却步。

看起来，这些房子实在是毫无销售优势，滞销也理所当然，然而，汤姆却从其中看到了销售的契机，看到了这些房子的“唯一”。

有噪声，这是缺点吗？不！这不正是房子与众不同的地方吗？

汤姆让经理购买了 18 台超薄液晶大电视端端正正地放在客厅最显眼的地方，然后在火车经过前十分钟，他将客户带进了其中一套房子。

进门后，汤姆笑着问客户：“各位，欢迎到来！在我为各位隆重介绍这独一无二的房子前，我想请各位先回答我一个问题，在这房子里，您听到了什么声音？”

所有的客户都用心地去听，他们也很好奇房子里能有什么声音，可听了半分钟，他们似乎并没有找到答案，只有一个客户有些不确定地说："我似乎听到了冷气的声音。"

汤姆笑道："是的，先生，的确是冷气的声音。想想看，若是我没有提问，各位会注意这样的声音吗？"

许多客户都摇头。汤姆趁热打铁："一种声音，当我们习惯了之后，就不会特别地在意。就像冷气，我们早就习惯了它的声音，所以不特别注意的话，我们几乎不会受到它的干扰。但我相信，第一次听到冷气声的时候，你们绝对不可能将它无视。"

之后，汤姆又带着客户们来到客厅，指着液晶电视，介绍："让您不得不去适应一段一分半钟的噪声，开发商感到很抱歉，所以，特意买了一台液晶电视送给您，以表示歉意。"

这个时候，火车隆隆地驶过，汤姆静静地等待着噪声消失，然后对客户们说："火车每天驶过三次，每次一分半钟，也就是说您只要适应一段总长度四分半钟的噪声，您就能拥有一套美丽的房子和一台全新的大电视，请问，您愿意进行这样的交换吗？"

客户们心动了。

不久之后，18 栋房子全部被销售一空，甚至价格还要高上一些。

为什么？因为汤姆让客户看到了房子的"唯一"，给了客户不得不购买的理由！在客户看来，汤姆提出的交换方式是非常划算的。所以，他们买了！

没有什么商品是没有缺陷的，也没有什么商品是全能的，有缺点、有不足，缺乏竞争优势是正常的，但没有什么商品是绝对卖不出去的。就像一位大师曾经说过的那样："没有卖不出的商品，只有不合格的推销员。"

推销员怎样才算是合格？很简单，还是那句话，发现商品的唯一，将这份唯一证明给客户看！

你的售后服务比别人好？你家的商品比别人独特？你家的服务比别人更细致？你的商品作用和位置很独特？

"唯一"没有什么固定的框架，每一个客户看中的"唯一"也是不同的，而作为一个推销员，你要找的其实并不一定是产品的传统优势，而是产品对客户的“唯一性”！换言之，你要让客户知道，你的产品是最适合他的，对他来说是最好的，这就足够了！

石油大王洛克菲勒年轻的时候曾经造访过一个小镇，小镇的镇长杰克逊先生是一位热情而慈祥的长者，待所有的人都非常友善，洛克菲勒很敬重他。但在小镇待了几天之后，洛克菲勒还是决定离开，临走的那天，天上下起了大雨，雨后，道路非常泥泞，很多人都选择从镇长家那漂亮而铺满条石的花圃通过。看着被践踏的花朵，洛克菲勒很生气，他跑过去指责路人，可没有人听他的，花圃依旧被践踏。而老镇长则找来煤渣和铲子，将泥泞的道路平整，帮助路人修好了道路，于是，再没有人来践踏镇长的花圃。

4 善待别人，才能被别人善待

大千世界，纷繁芜杂，我们生存在这个世界上，必然要和形形色色的人打交道，尤其是推销员，和别人打交道、产生交集的机会就更加的多。或者说，推销本就是一种和人相处的艺术，只有客户与推销员相处愉快，推销的第二步——售卖商品才能够真正地进行，若是不愉快，第二步也就无从谈起。

那么，推销员与客户怎样才能相处愉快？其实，这并不是什么多么困难的难题。赠人玫瑰，手留余香的道理我们都知道，和客户相处同样如此，帮助路人修好了泥泞的道路，路人自然不会再去踩踏花园，善待别人，才能被别人善待，这句话不是没有道理的。

我们都知道，作用力与反作用力是相互的，作用力有多大，反作用力便有多大，善良有多少，被回馈的善良也就有多少。如果你不尊重别人，又怎能指望别人会尊重你？如果你不理解别人，你有什么资格要求别人去理解？如果你不帮助别人，又怎能冀望别人会在你困难的时候来帮助你？

中国有句古话，叫作“人敬我一尺，我敬人一丈”，只有尊敬才能换来尊敬，只有宽容才能换来宽容，只有微笑才能换来微笑，也只有善待别人，才能换来别人的善待。

一个推销员，如果对客户不尊重、不理解、不包容，那么客户为什么要尊重、理解、包容你？

很多时候，很多推销员背地里都在抱怨客户的不好，说他们难缠，说他们刁钻，说他们不通情理，说他们不可理喻。这样，真的可以吗？

你在抱怨客户，你的脑中堆满了客户的各种不好，你本身对客户就充满了怨忿、不满，这种情绪必然会影响你对待客户的态度，不是吗？你对客户发自内心的不友善，接收到这一信息的客户会对你友善吗？

不要说你是一个表演艺术家，不要说你的演技足以去拿奥斯卡，要知道，相由心生，如果你的心中对客户缺乏诚意，哪怕你表现得再真诚，你的脸上依旧会残留着虚伪的痕迹。

推销员以推销为目的这自然无可厚非，但如果你仅仅以推销为目的，甚至为了这个目的急于求成，忽略客户的感受，那么，客户会用他的拒绝来给你上一堂最生动的教育课。

你有没有过这样的经历：你兴致盎然地去一家商店买衣服，挑中了一款米黄色的连衣裙，试穿之后，站在镜子前，笑着问导购：“我穿这件裙子怎么样？”导购微笑：“好，很好。”然后，你去试了另外一款色调与款式都与先前那件差别很大的连衣裙，再次问导购：“我穿这件怎么样？”导购依旧在微笑：“好，很好。”这个时候，你是什么感觉？如果，你试了第三件，询问导购之后，得到的依旧是同样的答案：“好，很好。”你又会作何感想？

这个导购在敷衍我！她没有丝毫的诚意想要和我交流！

你的想法肯定是这样的，不是吗？你会感到导购对你不尊重，你会感觉她对你的选择并不感兴趣，她的建议对你也没有任何的价值，你会觉得她的笑容好虚伪，如是，你还愿意从她那里购买连衣裙吗？

其实，有的时候，客户便是如此的简单，客户需要的不多，但推销员却无法给予。

乔·吉拉德刚刚出道的时候，并不懂得善待别人的重要性。

有一次，他和一位客户签订了一份购车协议，在去办理手续的路上，客户向他炫耀："乔，你知道吗？我儿子是医科大学的高才生。"

这个时候，乔·吉拉德正好看到几个同事凑在一起商谈着什么，他的注意力并没有在客户身上，所以，他随便敷衍了两句。

很快，客户感受到了他的心不在焉，当吉拉德又一次敷衍："哦，L先生，您的儿子是不是高三了？"

客户终于忍无可忍，拂袖而去。吉拉德就这样失去了一单生意。后来，回忆起这件事情，他才明白，自己错得究竟有多么的离谱。

还是那句话，善待客户就是善待自己，如果你不善待你的客户，不真正地尊重他、包容他、信任他，那么，你又凭什么想要得到客户的善待？

想想自己和客户接触时的心态吧，如果你仅仅只是想要把产品推销出去，想要从客户的口袋中掏出更多的钞票，而从来都没有想过客户真正的需求是什么，从来都没有想过为客户节省他口袋中的钱，那么，你最好不要去登客户的门，因为，即便你去了，也会被客气地请出来！

客户不是提款机，他们同样有血有肉，有思维有感情，推销员只有真正把自己摆在客户的位置上，设身处地地为客户着想，真诚地对客户表示关心，为客户筹谋他的利益，感觉到你的善意和真诚的客户才会善待你——将订单交给你！

付出什么，就会得到什么，种什么因，就会结什么果，种下一根刺，你绝对不会收获柔软，种下一片荆棘，最先划伤的肯定是自己的脚；相反，种下一棵树，你同样会收获庇荫，种下一朵花，你才能收获满园的芳菲。

善待别人，才能被别人善待。道理就是如此简单，你，懂了吗？

曾经，有一个母亲告诉一文不名的儿子，如果你找到了一种无须任何成本、操作简单、长期有效的吸引客户的方法，那么你将获得成功。儿子苦苦寻觅了良久，终于，他找到了这种方法，他也的确走向了成功，他创建了属于自己的酒店集团，完成了自己生命的蜕变。他就是希尔顿酒店集团创始人康诺德·希尔顿，而他找到的那个方法，叫作——微笑。

5 任何时候都要保持微笑

一年365天，有阴天，有雨天，有雪天，有晴天，会打雷，会刮风，会起雾，会砸冰雹。我们永远都不可能冀望所有的日子都万里无云、一片晴朗，就像我们的人生永远都不可能只有灿烂一样。

人生在世，总要和许许多多的人打交道，这些人有的冷漠，有的豪爽，有的风趣，有的刻板，有的痴傻，有的阴郁，我们永远都无法保证所有的人都对自己友善。事实上，诽谤、斥责、陷害、蔑视等种种不愉快的事情在我们身边或者在我们自己身上本就屡见不鲜。

我们不是月亮，我们不是太阳，我们没有办法让所有人都照顾我们的情绪，我们无法让所有人都围着我们打转。恰好相反，很多时候，都是我们在围着别人打转，是我们在为别人服务！

被围绕在中央，集万千宠爱于一身的月亮会在乎身边一颗星星的感受吗？一个高高在上，傲视峰巅的国王会在意一个平民的感受吗？虽然很想冠冕堂皇地说一声

“会”，但，无论是你还是我，我们都明白，那不可能！

我们很平凡，我们是月亮边缘的那一颗星星，甚至我们根本就没有成为星星的资格，那么，我们要自怨自艾吗，我们要怨天恨地吗？不！小人物也有小人物的精彩！推销员也有推销员的骄傲。

客户是月亮，我们呢，只是一个试图接近月亮、俘获月亮芳心的小人物，我们穿着星星的衣裳，又或者我们根本连星星的衣裳都没有。在月光下，我们本应卑微得自惭形秽，然而，它却给我们带来了无穷的自信与力量。

它就是微笑！

中国有一句古话，叫作“伸手不打笑脸人”，当你对客户微笑的时候，客户也会用微笑回应你，哪怕他没有给你微笑，也绝不会对你恶语相向，因为你的微笑感染了他，因为他会不好意思。

微笑代表着一份真诚，一缕善意，它就像是阴霾中一道最明媚的阳光，温暖的不仅是自己的心，还有客户的心！

“今天你微笑了吗？”康诺德·希尔顿每天都会这样问自己。

“当你笑时，整个世界都在笑，一脸苦相没人理睬你。”乔·吉拉德也这样告诉我们。

客户就像是我们的一面镜子，镜子中映照的是推销员最真实的一面，你对着镜子传达了你的善意，镜子那一边的客户自然也不会对你充满警惕。

日本的销售之神原一平运用他的“38种微笑”，创造了保险界独一无二的奇迹，我们呢？我们难道就不会笑吗？

口才与表演也许需要天赋，礼物与鲜花或许需要成本，但微笑，这对付客户最有力的武器，却绝对是免费而给力的！

一个年轻的面具匠人，年年都在制作面具。当他制作面相凶恶的面具时，他的心会随之狰狞烦躁，他的脸色自然而然地也就带着一丝阴沉；当他制作面相柔和慈善的面具时，他的心也会随之变得柔软平和，他的脸色也自然而然地氤氲着一份圣洁。

人家说：“相由心生。”这不是没有道理的。同样地，微笑也源于心，每个人对微笑的感觉都是敏锐的，真笑还是假笑，一眼就能够看出来。

推销员需要微笑没有错，但如果你只是为笑而笑，只是在假装微笑，那么倒不如不要笑，那样最起码，不会让客户感觉到欺骗。

原一平对“微笑艺术”研究得很透彻。早年，为了练习微笑，他特意买来了一面大镜子，每天都对着镜子练习各种笑法，肌肉要怎么动，双手要放在哪里，怎样笑才最自然，每种笑会带来什么效果，什么时候该笑，什么时候不该笑，什么情况下该露出怎样的笑容，将笑把控在哪一个尺度才不会引人反感，原一平比任何人都清楚。他也用他的微笑征服了许许多多的人。

曾经，原一平拜访一位客户，这位客户性格比较怪异，脾气也颇有些喜怒无常，明治保险公司的其他销售员提到他立即一脸无奈，因为，你永远都不知道他什么时候就会“变脸”，已经有好几个人遭受过他莫名其妙的训斥。

原一平知道这些，但他还是去了。见到客户，他微笑：“你好，我是明治保险公司的原一平。”

客户看了看他：“我说过了，我不买保险！”

原一平继续微笑：“我能知道原因是什么吗？”

客户皱了皱眉头，烦躁地摆手：“哪有那么多为什么？不买就是不买！”

原一平不以为忤，依旧微笑：“您的大名我经常听到，您在您所从事的工作领域取得了非凡的成功，我也希望自己能够像您一样。”

客户看着他始终温煦柔和的笑容，终于松口：“好吧，虽然我讨厌卖保险的，但你的确与众不同，我无法拒绝你的微笑。请进来谈谈吧。”

就这样，原一平用自己的微笑感染了客户，最终，这位客户在保险单上签下了自己的大名。

有的时候，最有力的武器、最有价值的宝物其实就在我们身边，只是因为太常见，所以我们视而不见。

微笑，谁不会呢？可身为销售员，又有几个真正将微笑运用到了自己的工作中？我们不惜花费重金去学习各种各样的营销技巧，却忽略了身边最实用最珍贵的技巧，这算不算是舍本逐末呢？

微笑，是世界上最神奇的纽带，它紧紧地联结着两颗陌生的心。

微笑，是世界上最玄妙的上帝之手，轻轻一挥，就能创造不可思议的神话。

微笑的价值无可估量，每一个人的微笑也都价值连城。

风雨也好，霜冻也好，挫折也好，失败也好，不要在意，任何时候都记得，要保持微笑。渐渐地，你就会发现，原来成功距离我们从来都只有0.5厘米，而这需要微笑就能简单融化的0.5厘米很多人却走了一辈子！

你呢，问问自己，0.5厘米，你走过了吗？

如果没有，继续保持微笑吧！微笑是一种财富，微笑是一种历练，微笑是一把钥匙，拥抱微笑吧，或许微笑不能带给我们煊赫的权势、无量的财富，但它给予你的却更珍贵，更稀有，因为那是——成功与快乐！

看着镁光灯下耀眼的企业家，你是不是很羡慕？看着坐在办公室中执掌大权的领导，你是不是很嫉妒？看着站在领奖台上笑容灿烂的同学，你是不是很不平？看着曾经平起平坐的同事成为上司，你是不是心里充满了怨念？

6 成功就要多付出10倍的努力

是，还是不是？给自己一个答案，然后，问问自己，为了成功，你付出了多少？

上帝创造了人类，每一个人都是上帝的孩子，上帝爱他的每一个孩子，上帝对他的每一个孩子都是公平的，不会刻意地去偏袒谁，也不会刻意地去为难谁，上帝的手中永远都有着一张兑换表，没有兑换到成功的人，只能说付出得不够！

“我不在乎你是否失败了，我关心的是，你是否满意于自己的失败。”亚伯拉罕·林肯总统曾经这样说过。自从诞生，每一个人实际上都站在同一生命起跑线上，之所以有的人健步如飞，有的人裹足不前，只是因为他们的“心”不一样。

成功者在踏上跑道的那一刻，就将心中所有的犹豫、懈怠、拖延通通都当作垃圾清理了出去，留在他们心中的，便只剩下努力与坚持。而失败者，却还在起跑线上踟蹰不前，因为他们不知道前路如何，因为他们没有踏上跑道的胆量！

每一个人的命运如何，不是上帝决定的，而是自己决定的，因为，你的人生是你自己的地盘，能做主的只有你自己。是任由人生荒芜还是勇敢地去耕耘与丰收，没有人能够替你做主！

一个默默无闻的小写手曾经满怀虔诚地向一位知名大作家请教："大神，请问你成功的秘诀是什么？大神究竟是怎样炼成的？"大作家笑了笑，很认真地回答："努力，大神都是努力炼成的！"

小写手愕然："大神，你不是在忽悠我吧？努力也能让人成功吗？我也很努力，我每天都码一万字，可是我连成功的影子都没有看到。"大作家拍了拍小写手的肩膀，说："是的，我知道，你努力了，我也努力了，但我的努力却比你多10倍！"

著名销售大师克莱门特·斯通小的时候，家里非常穷困，他6岁的时候就出现在芝加哥的街头，成为了一名贩卖报纸的报童。

和其他人不一样的是，克莱门特不仅会一遍一遍地沿街叫卖，还会抱着厚厚的报纸往人员密集的地方凑，尤其是饭店。事实也证明，饭店的确是卖报纸的福地，可是，一个报童的出现无疑会引起饭店老板的厌恶。富乐饭店的老板也厌恶克莱门特。他防克莱门特就像是防贼一样，可却从来都防不住。

趁老板不注意的时候，克莱门特总是能偷偷地溜进来，向客人们兜售他的报纸，无论被斥责多少次，无论被赶出去多少次，他都会迈着小腿，睁大眼睛，瞅准机会，再次溜进来。渐渐地，拿克莱门特没有任何办法的老板终于默许了他的行为，小小的报童克莱门特也成了富乐饭店最独特的一道风景。

多年之后，当克莱门特功成名就的时候，已经和他成为忘年交的富乐饭店的老板还是会一遍遍地为他当年的努力所折服。

克来门特为什么成功？不是他比别人智商高，不是他比别的报童长得可爱，而是因为他足够努力！当别的报童满脸失望地结束叫卖时，他没有！他钻进了富乐饭店，一次又一次，即使次次都被驱赶！

他比别的报童多付出了10倍的努力，所以他理所当然地得到了高于其他报童10倍的报偿，他成功了！

天上从来都不会无缘无故地掉馅饼，即便是掉馅饼也不会无缘无故地砸到你头上，如果你真的被砸到了，那么，你最该做的，是先确定，砸到你的究竟是馅饼还是陷阱，抑或是以馅饼为诱饵的陷阱！

世界上没有免费的午餐，上帝的天平永远都不会失重，得到一样东西，就必须要失去一样东西，收获一样东西就必须要付出另一样东西。既然想要收获成功，那么就必须去交换，而相比于机遇、才智等交换条件，努力对我们来说无疑更容易支付。

或许，你会说，并不是所有努力的人都收获了成功，有的时候，付出与收获也不成正比，然而，没有努力能够成功吗？没有付出会有结果吗？纵使得到的结果并不尽如人意，然而最起码有了结果，有了收获。但若是根本就不努力、不付出，收获要哪里来？

当然，报纸并不是所有人都卖过，克莱门特的成功也不可复制，听上去，那离我们太过遥远。那么我们就说个所有人都不陌生的例子吧。上学的时候，班上是不是总有学习好的同学，也总有学习差的同学？学习好的同学为什么学习好，是因为他比其他同学智商高、能力强？学习差的同学为什么学习差，是因为他比其他同学智商低、能力弱？当然不是！学习好的同学之所以学习好，那是因为他比其他同学付出了更多的努力。别的同学玩耍的时候，他在学习；别的同学捣蛋的时候，他在学习；别的同学睡觉的时候，他在学习，事实就是如此的简单！

台上十分钟，台下十年功，没有谁能够随随便便成功，一分收获绝对来自一分耕耘，努力越多，生活回报我们的也就越多。生活如此，销售也如此，如果你比别的销售勤快 10 倍、关心客户多 10 倍，那么你不成功就没有道理了。

事实上，社会就是一所囊括了所有人的学校，每一个人都在其中学习和工作，销售学院只是其中的一个分校，而每一个销售员都是分校中的一名学生。成功的销售员就是那一部分学习好的同学，你看到了他站在领奖台上笑容灿烂的光鲜却并没有看到他在台下流着泪水不断拼搏的努力。

成功不是大乐透（彩票名），不存在侥幸，也没有“天降横财”的习惯。所以，不要说什么运气不好，不要说什么造化弄人，假如你没有多比别人努力 10 倍，那么就不要怨天尤人，不要抱怨这个不公、那个不平，因为，你没有那个资格！

电影《阿甘正传》我们许多人都看过，那一片在风中飘荡的羽毛，那个智商只有 75 的“傻子”，那个一生都在奔跑的“飞毛腿”男人，那个不断去追逐、不断前进的男人，给了我们很大的震撼。我们不明白一个傻子凭什么就能成为英雄，成为名人，成为站在巅峰、影响了这个世界的人；我们不明白一个天真的“白痴”凭什么去成功；我们想要从中找出上帝的私心，然而，我们找到的却是一份馈赠，一份成功的馈赠，这份馈赠叫作——执行力。

 马上行动，执行力就是胜利

“累死我了，报表还是明天再做吧”“迟一些有什么关系呢，反正明天是周六”“上帝！我要死了！等一等，再等一等，我以后会去做的！”“那个客户太难缠了，我非要今天去见他吗？”“某某太凶了，我真不想马上去见他”诸如此类的话语，我们常常听到别人在说，抑或我们自己就正在说，我们拖延工作，我们觉得时间会给我们优待，我们扬扬得意地浪费着自己的生命，似乎只要我们动动嘴皮子，那些必须完成的工作就会自动完成。然而，现实就是一块“排骨”，绝不会出现不切实际的丰满。当 deadline 来临，要做的工作还是要做，只不过此时却已经堆积如山。

我们匆忙地、敷衍地完成着被拖延到十万火急的任务，我们不断地懊悔自己的拖延，懊悔自己的敷衍，可当同事升职了，朋友涨工资了，领导批评我们了，我们又觉得无比的委屈。我们不明白，为什么明明自己比同事学历高、能力强，升职的那个却是同事；我们不明白，为什么自己明明比朋友聪明、出色，先成功的却是朋友。就好像我们不明白为什么那么多比阿甘聪明优秀许多的人没有成功，而阿甘成功了一样。

“跑，阿甘，快跑！”这句《阿甘正传》电影中的台词，其实已经说明了一切！

阿甘的智商的确只有75，但相比于其他人，他却更执着于自己的信念，他的思想更加的纯粹，他想到了就会去做，没有太多的犹豫，也没有太多的衡量，他不会偷懒，聪明人不愿意不屑去做的工作他做，聪明人不愿干不想马上干的事情他干，他“傻傻”地去完成着一件又一件任务，“跑啊跑啊跑”，从来都不曾停下自己的脚步，他的执行力是如此的强悍，所以，他“跑”向了辉煌，他赢得了成功！

同样是做一份报表，人家都已经开始做了，你却优哉游哉地喝着茶想着明天再做吧；同样是去见客户，人家都已经调查好了客户的资料、把自己打扮得足够得体而光鲜，你却还穿着大裤衩寻思如何去找客户的资料。这样的你又凭什么要求和别人一样的待遇？

汤姆·霍普金斯是世界上最杰出的销售大师之一，他的从业经历堪称传奇。在成功的光环之下，没有人记得他的落魄，汤姆自己却永远都无法忘记。有一次，一个人问汤姆，他是怎样获得成功的。汤姆的回答很简单，那就是：“马上行动，坚持到底！”

每天早晨，汤姆都会大声对自己说：“马上行动！”这样睡懒觉的想法就会离他而去。

每次拿起话筒，汤姆都会对自己说：“马上行动！”这样才能让一分钟后要出门的客户接到电话。

每次站在客户家门前，汤姆都会对自己说：“马上行动！”这样他才能勇敢地走进客户的家。

不敲开一扇门，你永远都不可能知道门后面是什么。成功的机会稍纵即逝，从来都不会等待，如果你抓不住，那么它一定会从你的手中溜走！

事实上，马上行动，就是一种执行力，而执行力则代表着胜利。

蜀地传说，是一家以辣子鱼为主打食品的餐厅，它的创办人是著名演员任泉。餐厅草创的时候，只有八张桌子，简陋非常，许多人都不看好它的前景。然而，十多年过去了，蜀地传说仅分店都有了六家。有人问任泉，你为什么会成功。任泉的答案很简单：“想到了就去做，不要拖，不要想太多！”

是啊，想到了就去做，成功有时候便是如此的简单！

站在起跑线上，你在犹豫什么，难道没有看到你的对手已经快到终点了？

站在客户面前，你在害怕什么，难道你没有看到你的同伴马上就要拿到订单？

人生百年匆匆，奔向成功尚且不够，又哪里有时间给我们拖延与浪费？

不管是推销员，还是客户，时间都很宝贵，浪费你自己的时间是一种奢侈，浪费客户的时间却是一种犯罪！

相比于雄辩滔滔，人们更愿意相信最简单的事实；相比于拖拖拉拉的“优秀”销售，客户更愿意相信马上出现在他面前的“菜鸟”。行动永远都大于语言，执行力就是胜利，不是吗？

所以，不要空自炫耀你的“经验”，不要兀自为你的拖延而得意。人生需要的不是空头经验，也不是毫无意义的拖延，人生需要的是行动，是马上行动！

乔·吉拉德如果不马上行动，去寻找客户，去预约营销，去到处抛洒名片，他能成为销售之神吗？

汤姆·霍普金斯如果不马上行动，去接近客户，去拜访客户，去第一时间敲开客户的门，他能博得世界上最伟大销售员的美誉吗？

原一平如果不马上行动，去推销保险，去练习微笑，去锲而不舍地追逐每一个客户，他能创造销售领域的神话吗？

前面我们讲了不少理论，我们说要激发潜能，我们说要如何销售，我们说要这样，我们说要那样，但，千万要注意一个字——“说”。是的，我们一直都在“说”，“说”也很重要，但想要实现目标，想要激发潜能，想要收获成功，想要让客户签单，我们却不能只说，而是要做，要行动，要立即、马上、没有任何犹豫与徘徊地行动！

没有行动的佐证，所有的理论都是空白的；有了实践的佐证，所有的理论才会有意义。一个真正优秀的销售员绝对不会是“思想的巨人，行动的矮子”，而应该是“思想的巨人，行动的巨人”，不是吗？

还是那句话，马上行动，执行力就是胜利！让我们以此共勉！

Chapter 6

销售是一项事业，销售的精髓也是以人为本，好人缘就是活广告，想赢得优秀的销售业绩就要经营好自己的人际关系，塑造好自己的形象，为自己结下一个又一个好人缘吧！

250，这是一个神奇而特别的数字，我们常常戏称生活中不够聪明的人为250，我们也或多或少曾为250这个数字感到过不快。可是你知道吗，250其实并不是一个贬义词，在营销界，250绝对代表着权威，因为它的名字后面已经被加上了一个后缀：法则！

1 把“250法则”铭记于心

“250法则”是什么？很多人都不清楚，但乔·吉拉德是谁，我们却很熟悉。

吉尼斯世界汽车销售纪录保持者，美国历史上最伟大的推销员，他的荣耀照耀了整个推销界，他培养出了一个又一个销售冠军，他的名字为世人所铭记，而他，正是250法则的发现者。

那个时候，刚刚步入底特律汽车公司的乔·吉拉德还是一个粉嫩的销售新丁，他不懂得一个真正的销售员应该做些什么。有一天，他去参加一个朋友母亲的葬礼，偶然注意到正在分发的弥撒卡。他很好奇殡仪馆怎么会知道要印多少张弥撒卡，后来，殡仪馆的负责人来买汽车时，乔向他询问了这个问题，负责人告诉乔，一般情况下，一场葬礼的平均来宾数量在250个左右。

又过了一段时间，乔·吉拉德去参加婚礼，由于职业惯性，他再次询问了婚礼礼堂的负责人，参加婚礼的人一般有多少，得到的答案依旧是250。屡屡听到“250”这个数字，终于让他明白了一个道理：“每一个客户都不是孤立的，他们的身后还站着一群人，这群人人数在250个左右，他们可能是客户的亲人、朋友，也可能是邻居、同事，但无论是什么关系，客户能够影响他们，这一点毋庸置疑。”

这，就是著名的“250法则”。

乔·吉拉德是“250法则”的发现者，他一生都铭记着这一法则，将之视为营销的金科玉律。他告诉自己：在任何情况下，都不要得罪哪怕一个客户。因为，你得罪了一个客户，就等于将他身后的250个客户全都得罪了；你让一个客户感到难堪，就等于让他身后的250个客户都面上无光；你将一个客户拒之门外，就等于将他身后的250个客户都拒之门外！

“你只要赶走一个顾客，就等于赶走潜在的250个顾客。”乔·吉拉德这样说。他很明白“250法则”的威力，所以，即便是心中再如何的不快，他都会控制情绪，不与客户发生冲突；所以，他微笑着面对每一个客户，他让自己的名片满天飞；所以，他让每一个客户都甘心成为他的“猎犬”，帮助他发现了一个个新客户，迎来了一份份新订单。

他就像是一个武艺高超的剑客，将剑的锋利发挥到了极致，却从来都没有伤到过任何一个人。

当然了，这样的“神技”，普通的推销员自然很难做到，然而，我们却可以努力将“250法则”中有利的一面放大，不利的一面无限缩小。这并不困难！

玲玲是一家电脑公司的销售，很健谈、很热情的北方姑娘。年初的时候，她接待了一位客户，这个客户年纪很大，戴着老花镜，一进门就“好奇”地盯着电脑看，那样子从里到外都透着土气，好像从没有见过电脑似的。其他销售员明显都不愿意去接待他，玲玲去了。

她详细地为客户讲述了电脑的各种性能和数据，告诉他电脑怎么用，非常耐心，没有任何不耐烦。介绍了两个小时之后，客户走了，连鼠标都没有购买一个。其他的销售员都幸灾乐祸地看着玲玲，玲玲只是笑笑，在她看来，每一个客户都是上帝，都应该认真地对待。

一天过去了，两天过去了，玲玲依旧按部就班地工作着，第三天，那位客户又来了，跟在他身后的是一个年轻人。年轻人对玲玲说：“我们公司正在更换办公设备，电脑是其中一样，我没时间自己来看，就拜托爷爷来考察一下。我爷爷说，你们这里的服务好，电脑也好，他试过了，所以，我想订50台。”

订单，就这样轻易地落在了玲玲的头上。这是侥幸吗？不是！这是“250法则”在发挥作用。如果你让一个客户满意了，那么就会有250个潜在客户会对你满意；如果你让一个客户认可了，那么就会有250个潜在客户认可你；如果你让一个客户喜欢你，那么就会有250个潜在客户会对你充满好感。道理便是如此的简单！

狼群我们都知道吧，伤害了一头狼，整个狼群都会视你为生死仇敌，相反，如果得到了一头狼的认可，它的族群也会对你无比友善。客户不是狼，但这其中的玄妙却是一样的。

我们常说，现在的社会是一个人情的社会，其实这并没有什么不对，每个人都有自己的圈子，这些大大小小的圈子交织就构成了社会这个大圈子。既然身在圈中，我们就必须遵守圈子的法则，我们就不能无视法则的影响力。要知道，一个法则运用得好，带来的“收益”绝对是我们无法想象的，譬如250法则。

在销售圈子中，“250法则”又被称为光明与黑暗并存的法则，为什么？好事传千里，坏事传万里啊！

“250法则”就像是一个扩散机，你往里面注入赞美，它就会把赞美扩大250倍，你往里面注入怨言，它依旧会把这些怨言扩大250倍。一念天堂、一念地狱，在它身上表现得淋漓尽致。

你想上天堂，还是下地狱？每次面对客户的时候，想想“250法则”，你就会给出自己的答案，你就会明白自己该怎么做了，不是吗？

你的电脑系统是XP吗？2014年4月8日，你有没有觉得世界末日降临了？你是不是对即将到来的“裸奔”生活充满担忧？这个时候，“XP盾甲”从天而降，你有没有喜出望外？奇虎360这个名字是不是立即就刻印进了你的脑子里，再也抹不去？事实上，奇虎360公司在中国互联网世界可谓是无人不知、无人不晓。这个2005年才成立的公司短短9年的时间里创造了一个又一个销售神话，凭的是什么？无他，器量，敢于做出公众承诺的器量！

2 勇于做出公众承诺

一个人，一生中，总会做出无数的承诺。承诺的对象，有自己，有社会，有集体，有他人；承诺的事情有大有小，大到“我会爱你一辈子”，小到“明天七点叫你起床”。这些承诺，我们也许转过头就忘记了，也许根本就没有做到，也许草草地给了一个答案，也许坚定地恪守着，但不管是实现了，还是没有实现，我们的承诺似乎都只是自己的事情，与人无尤，即便是我们食言了，影响到的人也不会很多，知道的人也不会很多。

但，公众承诺却不一样。

公众承诺，顾名思义，就是一个人、一个团体、一个国家对公众做出的承诺。

公众承诺的知情人不是少数，不再局限于被承诺人，而是整个社会，是所有的人！

一旦做出这样的承诺，就等于将承诺人整个放在了阳光下，时时刻刻都要接受大众的监督，每时每刻都有一双双眼睛在注视着你，如果你食言了，一人一口唾沫都能将你淹死，在社会汹汹的谴责下，你将永无立足之地！

正因为如此，很少有个人或者企业敢于做出公众承诺，因为公众承诺是容不得反悔的，公众承诺是容不得食言的，背弃一个公众承诺要付出的代价实在太大！

当然了，高风险也意味着高回报。若是承诺人成功兑现了自己的承诺，他真诚的形象也会深入人心，他的知名度与影响度也会无限地攀升！就像奇虎360，创始之初，就做出了杀毒软件终身免费的公众承诺。

这个承诺不可谓不大，这个承诺堪称惊世骇俗！很多人都在质疑，360真的能够放弃这样大的一块蛋糕吗？很多人都认为，这不过是奇虎自我炒作的噱头。然而，九年的时间过去了，各类杀毒软件价格不断看涨，360却始终没有向公众收取一分钱。奇虎公司用实际行动兑现了自己的诺言，而免费的360也自然而然地渗透进了我们的生活，成为了中国互联网世界的三巨头之一。

事实上，除了奇虎360，中国乃至世界上许多公司、集团都曾做出过公众承诺，公众承诺也是它们销售与宣传的一种有效手段，其效果如何，完全由公司自己把控，兑现了承诺自然名声大噪，没有兑现，也会出名，不过出的不是什么好名就对了！

读到这里，你有什么想法？你是不是在想，公众承诺那是企业的事情，是政府的事情，我就一个小小的推销员，我能做什么公众承诺，公众承诺这东西，和我一毛钱的关系都没有，站在旁边看看热闹还差不多。

如果你有这样的想法，那你就错了，大错特错！

先不要问，你错在哪里，先听我说个故事：

从前，有一个富翁，家资亿万，有一天，他碰到一个乞丐，善心大发，就悄悄地对乞丐说："明天到我府上，我送你一百金币。"乞丐一听，嗤之以鼻，心想：骗鬼呢，信你才怪，一百金币，那么多钱，你会随随便便就送给我？就算送，谁知道你有什么不可告人的目的，会不会让我帮你去干什么违法乱纪的事情？不靠谱，我不要！于是，乞丐摇头拒绝了富翁。富翁回去想了一夜都没想出原因，很郁闷。

第二天，富翁在自家布施的粥棚外又看到了那个乞丐，因为排队领粥的人太多，富翁没有办法和乞丐单独交流，于是就大声对他喊："你过来，我给你一百个金币！"乞丐一听，立即欣喜若狂，心想：天底下真有这好事？这么多人都听见了，谅他也不可能诳我！感谢玉皇大帝，感谢如来佛祖，感谢满天神佛。给我，快给我，我要！

于是，乞丐屁颠屁颠地跑向富翁，连声道谢。

乞丐还是那个乞丐，富翁还是那个富翁，事情还是那件事情，何以结局竟如此天差地别？无他，承诺！第一次，富翁是悄悄对乞丐说的，这让乞丐很没有安全感，第二次，富翁却是当着所有人说的，乞丐就信了。

是不是很奇怪？很多时候，客户的心态与乞丐的心态其实是类似的！

当然，推销员不会施舍客户，相反，我们是要从客户的腰包里掏钱，也正因为如此，作为付出一方的客户才更加没有安全感，他们害怕上当、害怕被欺骗，害怕自己的钱打了水漂，这种心理非常的微妙。这个时候，如果推销员敢于做出一个公众承诺，那么感觉“安全”了的客户很可能就会放下犹豫，签单了。

这里我们所说的公众承诺，不一定要大张旗鼓地宣扬给全世界都知道，只要有两三个、四五个、七八个人在场，这种承诺其实就算公众了。

哦，好吧，或许你认为我是在狡辩，是在偷换概念，但一个推销员的“公众”范围有多大呢？一个客户的“公众”范围有多大呢？大家心知肚明，不是吗？

公众承诺，只是一种手段，一种让客户相信的手段，但公众承诺，却又不单单是一种手段，因为它就像是套在孙悟空头上的“紧箍咒”一样的确是具有威力的。推销员如果不想砸掉自己的招牌和饭碗就不可能去违约，不敢去食言。这样，不仅客户放心了，推销员本身因为承诺也不敢懈怠，岂不是一种双赢？

说到这里，有一点不得不郑重 提出来，那就是，公众承诺不是儿戏，一旦做出了，就等于截断了自己后悔的后路。如果你的心不够坚定，你对自己不够自信，你还在怀疑自己的能力，那么，还是不要轻易承诺的好！因为，公众承诺是只属于自信之人的专利，是只属于优秀推销员的撒手锏。

现在，扪心自问，你敢于做出公众承诺吗？

无须答案。如果你敢，那么就去承诺吧，如果你不敢，就努力让自己变得敢吧！

张浩想要买一支牙膏，在网上搜索了半天，又看了好多广告，什么中华、高露洁、冷酸灵、两面针、田七……每一款看着都挺好，广告一个比一个诱人，他拿不定主意了，这个时候，恰好看到同学美美，张浩就问她："美美，什么牙膏比较好？"美美脑海中立即就浮现出了前天去超市买牙膏的时候，那个卖高露洁牙膏的姐姐温柔的笑容，就说："高露洁。"张浩听了，没有犹豫，就去买了一支高露洁牙膏。

3 好人缘是你的活广告

日常生活中，左右人们购买选择的因素有很多，但广告无疑是最重要最具决定性的因素之一。

金子很珍贵，但埋在黄沙之中也与黄沙无异；产品再好，如果没有人知道，谁又会去买?

曾创下日销售鞋子150双纪录的著名推销员丁恩·纽密塞先生说过："如果顾客不走进你的店里，他怎么可能购买你的鞋子？"同样地，如果客户根本就不知道某种产品的存在，又怎么可能有购买的心思?

现在，许多企业，无论是鞋厂、服装厂、酒场还是棺材店、五金店、火锅店，为了提高产品的知名度，为了让更多的客户"知道"自己，都会选择去做广告。做广告，也的确是最直接最有效的宣传手段，可是做广告要钱呢！不管是平面广告、露天广告、海报，还是电视广告、报纸广告，想要做，可以，钞票拿来！传媒界大哥央视的宣传效果无人不晓，可广告费也同样不是吃素的，一个标王，动辄上亿，一个广告，动辄千万，这样的花费，小企业能承担得起吗？

好吧，小企业有小企业的活法，央视上不起，可以上地方台，大报纸上不起，可以上小报纸，可总而言之，言而总之，做广告就是要花钱的！

而且，钱花了，效果还不一定好，你在一个不知名的小报上登个广告试试，能有几个看到。这种广告那就纯粹是花冤枉钱了！

或许，你会反驳，我又没钱，我的产品也不出名，不上这些小报小台，死马当活马医，我要怎么办？

好办啊！要知道，广告实际上分两种，一种是“死”广告，电台、报纸、杂志、平面等广告实际上都属于“死”广告；而另外一种则是“活”广告，“活”广告没有那么多的讲究，它的主体只有一个，那就是人！好的人缘就是最“活”最好最有效的广告！

不相信？先别急，听我讲个故事：

战国时期，战乱频繁，各国之间缺乏信任，为了保证签订的盟约被履行，许多国家都采用互换质子的方式。这一年，魏国和赵国签订了盟约，魏国太子要到赵国去做人质，陪同的大臣是庞葱。临走的时候，庞葱问魏惠王：“大王，若是有一个人告诉您集市上出现了老虎，您会不会信？”魏惠王摇头：“不会。”庞葱又问：“大王，要是有第二个人告诉您集市上出现了老虎，您会不会信？”魏惠王迟疑了一下，还是摇头：“不会！”庞葱接着问：“大王，若是有第三个人告诉您集市上出现了老虎，您会不会信？”魏惠王想了想，点头：“会。”

熟悉吧？对，这就是三人成虎的故事！

京畿重地，王城之中，集市上自然不会出现老虎，可是有三个人这么说，魏惠王就信了。是魏惠王无知还是谣言的威力太大？都有！

众口铄金、积毁销骨、三人成虎，这些道理我们都明白，我们也常常感叹人言之可畏。但，有的时候，我们为什么不能逆向思考，不能换个角度来考虑问题呢？

若是三人成的不是“虎”，而是“福”，是“财”，是“赞”呢？

一个客户说你的商品好，你的商品不一定好，两个客户说你的商品好，你的商品可能会好，三个客户说你的商品好，那么你的商品就肯定好了！一个客户说这个推销员不错，这个推销员不一定不错；两个客户说这个推销员不错，这个推销员可能真不错；三个客户说这个推销员不错，那么这个推销员肯定真不错了。

这就是大众的认知逻辑，或许有偏差，但这却是不可更改的一种惯性。

没有谁是全知全能的，没有谁一生能接触到所有的事物，所以面对未知的时候，我们习惯去请教，犹豫不决的时候，我们习惯去听取别人的意见，这非常的正常。如果一个销售员，人缘足够好，让所有的客户都赞美他，都有意无意地帮他去销售，那么他一定能成为最伟大的销售员。

乔·吉拉德的人缘很好，他的客户都很喜欢他，一旦客户身边有朋友想要买汽车的时候，他的客户就会向他推荐乔·吉拉德。就像美美向张浩推荐高露洁一样。

柴田和子的人缘也很好，她以前并不是做销售的，只是因生计所迫后来走上了销售的道路。入职培训的时候，公司要求每一个推销员都去一个指定的区域拜访客户，只要能够成功让一个客户购买产品就能正式入职。

柴田和子不知所措，她没有任何陌生客户拜访的经验，她也不认为自己能够马上就成功，于是，她找到过去公司的领导帮忙。柴田和子过去很会做人，哪怕是她已经离职了，过去的同事和朋友也愿意帮助她，替她推销，所以，她成功地签下了许多大单，不到两个月，业绩就超过了两千万日元，让整个公司都为之震惊。

其实，归根结底，现代社会是人类组成的社会，社会的主体是人，无论是推销还是干其他什么事情，只要赢得了“人”心，则必将事半功倍。

我们平常都强调人际关系的重要性，强调人脉，强调人情，强调以人为本，这不是没有道理的。

经营人脉，收获一个好人缘，就像是在挖井，挖的时候虽然很辛苦，但井水的甘甜清凉却绝对会让我们觉得物超所值，不是吗？

销售是一项事业，销售的精髓也是以人为本，好人缘就是活广告，想要不花钱就收获不可思议的广告效果，想赢得匪夷所思的销售业绩吗？想，就经营好自己的人际关系，塑造好自己的形象，为自己结下一个又一个好人缘吧！

有人说销售是一门科学，有人说销售是一门艺术，还有人说销售既是一门科学也是一门艺术。但不管是艺术也好，科学也好，销售本身其实就是一场对弈，一场推销员与客户之间的君子之弈，对弈的方式由推销员决定，而占据主动权的黑棋却永远都掌握在客户的手中。想要客户和你“弈”，想要攻破客户的防线，可不是一件容易的事，而这个时候，幽默无疑是让客户松口的无上利器！

4 幽默的人容易讨得别人喜欢

买与卖是一个机械的过程，但因为有了人的参与，就演变出了无限的可能与变局。销售过程中，遭遇尴尬、陷入僵局，甚至被客户拒绝其实都是很正常的事情。这个时候，是颓然放弃，还是再接再厉、争取一线的希望和可能、扭转败局，就要看销售员自己的“真功夫”了。

有的销售员，永远都一本正经，讲起话来严肃认真，介绍起产品来一丝不苟，这样的人认真是认真了，但却难免会让人感觉无趣。要知道，客户是和你在洽谈一件产品的所有权，在进行一场买卖之间的对弈，而不是在进行一场正儿八经的学术讨论，太严肃了，总是会让人感觉不舒服。

当然，这并不是说认真严肃有什么错误，只是说认真其实可以换一种方式，严肃的销售气氛和轻松的销售气氛相比，无疑后者更有感染力，更容易达到成功。

那么轻松的气氛要怎样营造？幽默！有幽默就足够了！

幽默是尴尬的润滑剂，是紧张的调和油，是僵局的缓冲带，幽默中蕴含温情，蕴含智慧，一个小小的幽默，在恰当的时间、恰当的场合能够起到无法想象的巨大作用。

秦泰是中环灭蚊剂公司的销售员，夏天到了，公司的灭蚊剂销量却一直都没有升上去，为此，总经理非常恼怒，给每一个销售员都下了最后通牒：一周内，销售蚊香少于20箱的全都卷铺盖回家。所有的销售员怨声载道，却又不得不硬着头皮顶上去。

秦泰是一个销售新人，销售成绩不高不低，一周20箱的任务让他也犯了难，晚上，他思考了半天，想出了一个好办法。

第二天，秦泰用红布和黄色贴纸制作了一条横幅，横幅上写了“中环灭蚊剂”五个大字，横幅两头绑了两根竹竿。竹竿上绑了两个气球。

做好这一切后，秦泰用小三轮拉着20箱灭蚊剂来到了市中心的广场，竖起横幅，放飞气球，很快就有很多人被吸引了过来，秦泰开始滔滔不绝地开始介绍公司的产品，可现场的客户感兴趣的却不多，有的人甚至已经摇摇头走开了。正在这时，突然，一个站在前排的年轻人大声问：“你卖的灭蚊剂能杀死所有的蚊子吗？如果能，我就买！”秦泰愣了一秒钟，脸上突然出现促狭的笑，说：“我不能保证！因为你没有喷灭蚊剂的地方，蚊子肯定还活蹦乱跳活得非常滋润！”

秦泰的话，立即引起全场一片大笑，气氛一下子变得轻松愉快起来，大家开始主动询问灭蚊剂的功效，秦泰也风趣地予以解答，时不时地还调皮地扮个鬼脸，大家都被他的幽默感染，喜欢上了这个“说话特逗”的欢乐小伙，不到一上午的时间，秦泰的灭蚊剂就被抢购一空了。

看吧，这就是幽默的魔力！

想想，日常生活中，我们是不是更喜欢和欢乐幽默的人接近？我们是不是更喜欢和热情开朗的人交朋友？办公室中谈不成的事情是不是到了酒桌上就很容易谈成？半开玩笑半认真地说事是不是比一本正经更容易被认可？

事实上，幽默的语言的确是拉近推销员与客户距离，融化客户心中敌意的利器。想想平时，我们不高兴的时候，是不是看什么都不顺眼，听到什么话都刺耳；而当我们心情愉快的时候，是不是同样看什么都顺眼，听什么话都觉得顺耳，以前觉得讨厌的东西也不是那么讨厌了，心中的警惕和戒惧会降到最低？

除非喜怒无常，除非你一直在装，要不然，上一秒刚刚和别人畅怀大笑，相谈甚欢，下一秒就翻脸不认人的事情恐怕很难发生吧。

销售大师原一平刚刚入行的时候，也是菜鸟一只，没有什么推销神技，他像所有粉嫩的销售新丁一样，采取了“地毯式轰炸”的销售伎俩。按照门牌号，一家一家地去敲门，一家一家地去拜访。上半个月拜访，下半个月则回访。

这种方法，实际上和大海捞针没有什么两样，被人赶出来是经常的，碰一鼻子灰也是经常的，真正找到有购买意图的客户却很难。

原一平后来也知道了，可当时他不知道，他锲而不舍地“轰炸”着，在他回访一位客户的时候，转机出现了。

那个客户开门之后，对原一平说：“前几天你们公司的一个销售员已经来过了，我说过，我不买保险。”

原一平笑笑：“那我总比那个同事要英俊吧？”

一句幽默的玩笑话，立即逗笑了客户，心情愉快的客户没有赶原一平走，而是和他谈了30多分钟，最后，他爽快地签下了保单。

其实，有的时候，人与人相处并没有那么复杂，也不必如何的谨小慎微，将客户当作你的朋友，开几句玩笑，说几句俏皮话，在充满笑意的氛围中，就算是坚冰也会被融化，更何况没有哪个客户真的会如坚冰般冷漠。

山重水复疑无路了吗？为什么不幽默一点呢？用幽默为自己打开一条路，为销售打开一扇门，然后，你会发现，原来，柳暗花明又一村，并不是奢望，也不是奇迹。

一个剑客，如果没有了剑，就不能称之为剑客；一个厨师，如果失去了味觉，就不能称之为厨师；一个歌手，如果失去了声音，就不能称之为歌手。每行每业的每个人总有自己赖以生存和依仗的特长，失去了，就很难混下去。而对一个销售员来说，最重要的不是外表长得多么漂亮，而是要有一张巧嘴，一副伶牙俐齿！

销售是一个“靠嘴”吃饭的行当，这句话，或许说得不够全面，但却非常有道理。一个销售员，如果嘴皮子不利索，奉行“沉默是金”的法则，他能得到“金子”吗？

5 热情健谈，拉近与客户之间的关系

某研究机构曾经在大街上做过一个随机调查，询问路人：“你认为销售员是怎样的人？”

路人的回答很多，五花八门，但诸如“能说”“嘴皮子很厉害”“能把死人说成活的”“伶牙俐齿”等答案却占据了绝大多数。

“一个能说的人”，这是大众对推销员的定义，很直白，没什么技术含量，也未经修饰，但这样的直白，却恰恰表明了销售的本质。

或许，也有部分销售员不善言谈，但凭着执着、善良、坚韧的内在品格而取得了一定成就，然而，这样的人毕竟是少数，极少数。在销售这个领域，一切还要靠业绩说话，而业绩哪里来，“嘴”里来！

销售的过程，本质上其实就是一个与人打交道，说服客户的过程。既然要打交道，必然就要接触，要见面，要交谈。肢体语言很厉害，眼神也的确能表达很多意思，但，你见到客户能够和他瞪着眼睛、一言不发地交流吗？难道你还冀望客户和你来个“心

有灵犀一点通，此时无声胜有声”？放心，如果你这样做了，客户绝对会客气地请你离开，然后转过身，暗暗地骂一声：“神经病！”

语言交流，是推销员与客户之间最常进行的交流方式，没有语言交流，想要让客户签单简直就是天方夜谭。

一个善谈的推销员总是要比沉默少语的推销员更有人气、更有市场；一个热情的推销员也总是要比严肃刻板的推销员更受人欢迎。没有哪个客户会喜欢看一张鞋拔子脸，没有哪个客户会喜欢一个闷葫芦，不是吗？

金木石，是广东一家网络公司的资深推销员，上个月，公司来了四个新人，主管将其中一个叫牧通的新人交给金木石来带。这天，金木石去广发公司的白经理那儿谈业务，就把这个新人带上了，并嘱咐他“攻下”白经理的秘书小关。

到了广发公司，白经理不在，金木石坐在小会客室等待，让牧通去找小关套套近乎，牧通扭扭捏捏地过去了，红着脸站在小关面前不知道该说些什么。后来，在小关的微笑下，牧通终于开始说话，可基本上还是小关问一句，他就答一句，像挤牙膏似的，听得金木石一阵牙疼。这还真是块木头啊！

五分钟不到，小关就板着脸，再也不和牧通说话了，牧通站在那里，不知所措，金木石这个时候凑了上去：“关美女，被我们家木头雷到了吧？别板着脸，板着脸就不漂亮了。”小关一听，“扑哧”一声笑了，然后和金木石聊了起来。

金木石非常健谈，对女性也非常了解，时常逗得小关捂嘴轻笑。十分钟后，白经理回来了，没等金木石说话，小关就进去给他通报了。

说话是一件非常简单的事情，但说好话，让别人都爱听你说话却是一件困难的事情。很多时候，我们失去生意、失去客户都是因为“祸从口出”，但只要你运用好了语言这门艺术，和客户拉近了距离，生意也会滚滚来。

牧通自然是个老实孩子，但销售市场上要的不是老实孩子，而是一个伶牙俐齿的孩子！

看过《铁齿铜牙纪晓岚》吗？练到纪晓岚那个境界，将和珅这么强大的竞争对手击败，拿下了超级大客户乾隆皇帝，这才是真正的高手，高高手！

诚然，并不是每一个推销员都能成为大师，都能将说话这门真功夫练到纪晓岚、乔·吉拉德、马里奥·欧霍文、奥里森·马登等那样出神入化的境界，但若是单纯地想要做到热情健谈，实际上是不难的。

没有谁天生就会说话，也没有谁天生就非常健谈，亲和力都是后天训练和培养出来的，所以，每一个销售员都有“健谈”的资格，只要他肯努力！

不是有句俗话，叫作熟能生巧嘛，说话这种事，也是讲究熟能生巧的！

不要怕说话，不要怕自己说不好，没事的时候，对着镜子，想象一下和客户交谈的各种情景，练习交谈。或者干脆找两个好朋友，去“预演”一番。困难虽有，但困难永远都没有办法多。不是吗？

语言，是最容易让人亲近的艺术，语言会在人与人之间架起一座沟通之桥。一个人越健谈，他搭建起的桥距离客户的心灵的距离就越短，若是这段短桥上再装饰有“热情”，那么客户的心灵很容易就会向你敞开。

走进了客户的心，“拿下”客户难道还会不容易？

所以，不要犹豫，去激发自己语言的潜能吧，让自己成为一个“能说”的人吧，这对你没有任何的坏处！

销售大师原一平一生中最骄傲的事情，就是“攻克”了三菱空调制造集团，将保险卖给了集团的每一个员工。原一平采取的推销方法，是“激活”客户，他当面顶撞了三菱空调的董事长串田先生，指责他对保险存在轻视是不对的。事后，串田为自己的失礼表示了歉意，原一平用这样另类的方法拿下了三菱这片市场。原一平的成功刺激了许多销售员，他们也试图去“激活”自己的客户，只不过最终却碰了个头破血流。

6 好脾气的人才能有好业绩

在销售领域，“激活”客户的确是很奇巧的一招，运用恰当了，效果也的确不错，然而，这样的“激活”却并不是所有人都能办到的，原一平式的“英雄”也不是所有人都能当的。成功这个东西，有的时候，的确不可复制。

有了结果的“激活”自然是成功，但没有结果之前，“激活”的奇招实际上等于在冒险，在赌，赌客户的脾气足够好，客户的涵养足够好，赌客户的见识足够远。显然，并不是所有的客户都是串田，而“激活”又往往代表着对客户的无礼和坏脾气，那么，十有八九，客户的确会被激活，不过激活的是怒火就是了！

或许，原一平当年的“坏脾气”，在现在看来是一种果断和敢为天下先的魄力，然而，原一平只有一个，串田也只有一个。在我们的日常工作生活中，坏脾气就是坏脾气，客户有坏脾气还无可厚非，但如果推销员也有一副坏脾气，用“坏脾气”来对撞“坏脾气”，那么最后的结果只能是两败俱伤，并且最后“伤重而死”的一方绝对是推销员而不是客户！

“卖的是白金，挣来的是白菜，天天都在当老鼠，窝在风箱中受夹板气，两头不讨好！”一个入职半年的销售员这样描述自己的工作，事实上，和他有着同样想法的人绝对不在少数。在公司里被上司骂、被领导骂，甚至有时候还会被同事骂；到客户那里，又被客户骂，被客户厌恶，一不小心还会被客户像赶苍蝇一般赶出来。这就是一个普通销售员的工作常态。

如是，推销员怎么可能不抱怨两句：“就这破东西，还敢要这么贵，要我是客户我也不买啊”“公司这就是成心的，成心不想让我们多赚钱”“你不知道，那个客户有多难缠，我都快被烦死了”？

但，推销员是神吗？说出来的话能言出法随吗？不能！抱怨的再多，该推销还是要去推销，该上门拜访客户还是要上门拜访客户，啰啰唆唆地抱怨一堆，除了会让自己颓废消极之外，不能解决任何问题。既然如此，我们何必还去抱怨，不想做“风箱里的老鼠”，那我们爬出风箱不就好了？

怎么爬？好脾气是最好的引路石！

要知道，客户可不是你的属下，不是你的“出气筒”，而是你的上帝，对着上帝发脾气，你能有什么好果子吃？

乔·吉拉德的脾气就很好，无论客户说什么，他的脸上始终都一片平和，带着自信宽容的微笑，哪怕是被客户羞辱了、挑衅了，他也始终很平和，不会激烈地去争辩，不会指着客户的鼻子与之对骂，他会平和地做出解释，或者干脆静静地聆听，不做反应。面对这样“好脾气”的吉拉德，就算是脾气再怎么臭的客户都不可能长久地发火，因为吉拉德的“好脾气”会让他感到羞愧，感到不好意思，久而久之，客户就会喜欢上他的这种好脾气，从而与他达成一个又一个交易。

原一平的脾气也很好，他独创的38种微笑销售法，更被认为是销售领域的金科玉律。弗兰克·贝特格的脾气更好，他从来都不生气，客户的抱怨对他来说就是一种动力，能让他改掉错误，继续前进。

另外，还有金克拉、安东尼·罗宾、博恩·崔西……

事实上，每一个成功的销售大师都是好脾气的，因为他们深明“好脾气带来好业绩”的道理。对于一个推销员来说，还有比卖出产品、拿下订单更重要的事情吗？

没有！我们想从客户的口袋中将钱拿走，难道就不应该付出些什么？被客户骂上两句，冷嘲热讽两句，又有什么大不了？就当是我们给客户的“感谢费”好了！

上帝从来都是公平的，想要得到就必须付出；情感也总是相互的，善待别人才能被别人善待。当我们用一副好脾气对客户的时候，客户又怎么可能将坏脾气坚持到底？

给客户一个微笑，回应你的也将是微笑，而不是拳头。

当然了，销售员也是人，是人就会有情绪，被辱骂了自然会生气，被挑衅了自然会本能地还击。推销员并不低人一等，没有必要时时处处都去装孙子。一个人要是能够做到永远都不发怒，那么他就不是人了，而是机器。

发怒很正常，坏脾气也很正常，但销售却是一个对坏脾气相当排斥的行当，因此，作为一个合格的销售员，我们想要好的业绩，就必须要做到制怒，控制好自己的脾气！

好脾气和坏脾气其实就是弹簧的两端，此消彼长，好脾气占了上风，坏脾气自然会被压缩到极限，相反，亦然。

好脾气不是天生的，但却可以后天养成。一只狗对你吼两声，你会吼回去吗？不会！所以，有的时候，心放宽了，心的容量放大了，格局放大了，器量扩大了，脾气自然而然也就好了。

当然了，我的比喻或许有些不恰当，但话糙，理应该是不糙的。

所以，面对客户的不友好，面对客户的坏脾气，我们不妨制怒，不妨克制一下情绪，不妨报以微笑，咱不跟他一般见识。想想成为优秀销售员的伟大目标，想想自己的业绩，我们自然也就忍了！还是那句话，好脾气才能带来好业绩，前辈诚不我欺。作为后辈，我们理应借鉴，不是吗？

Chapter 7

想要找回自己的钥匙吗？想要打开阻隔在你与成功之间的大门吗？去和客户沟通吧，去用情感打动客户吧。记住，动之以情这种老套路也有自己的春天，而且春光格外明媚！

一个装满了旧茶的杯子是装不下新茶的，想要喝到新茶，就必须将杯子里的旧茶倒掉；一个装了浑水的杯子无论注入多少清水，还是一杯浑水，只有把杯中的浑水倒掉，重新注入清水，杯中水才会清澈见底。这就是著名的空杯心态。

1 空杯心态

一位佛法造诣精深的行者到大悲寺中去向老禅师请教佛法，老禅师派徒弟接待了他，徒弟的傲慢让这位行者非常不满。过了片刻，老禅师亲自出来，恭敬地接待了这位行者，并为他沏茶。可是，茶杯中的茶已经满溢了，禅师却依旧在倒，行者很不解，就问禅师："禅师，杯子已经满了，您为什么还不停地倒？"禅师重复了一句："杯子满了，为什么还倒呢？"边重复边继续倒茶。行者思索良久，这才明白，禅师是在说："既然你的佛法造诣已经非常高深，那你为什么还要来向我请教呢？"行者很惭愧，向禅师鞠躬道谢之后，转身离开了。

现实生活中，我们常常说要虚怀若谷，要保持"空杯心态"，我们把"天外有天，人外有人，一山更比一山高"这样的话挂在嘴边。但当我们被批评时，依旧会不服气，被指教的时候，依旧会觉得别人没什么了不起，这不是非常奇怪吗？

每一个人都有自己的过去，或许这过去是绚烂的、是辉煌的、是耀眼的，或许这过去是平淡的、是温馨的、是乏味的，又或许这过去是灰暗的、痛苦的、无奈的。

可不管我们的过去是什么样的，我们曾经是成功还是失败，那都过去了，是一杯“旧茶”了。而我们，不是生活在过去，而是生活在现在，我们需要的是一杯“新茶”，但我们不可能变出第二个自己，“杯子”也只有一个，要想盛装新茶，只有一个办法，就是把旧茶倒掉。

事物是不断发展变化的，没有什么能够恒久不变，曾经成功的经验不可能永远造就成功，曾经正确的理论现在也许就是一种错误。殷商开国君主商汤曾经说过：“苟日新、日日新、又日新”，每次他洗澡的时候，不只洗身，而且洗心，正是因为这种“日日新”的空杯心态助他坐拥了成汤万里江山。我们呢？

我们不是商汤，我们的成就也比不上商汤，既然如此，我们为什么不能放下所谓的身段，“吾日三省吾身”，不断地自我扬弃，与时俱进，活到老学到老呢？

杨东是一个老销售员了，20 世纪 80 年代他就是一名销售员，现在他还是一名销售员，将近 40 年的销售让他的经验丰富得惊人，所以，在看公司的新人时，他通常都带着俯视的心理，他最爱说的一句话便是：“我开始干销售的时候，你还没出生呢。我吃的盐比你吃的米还要多。”

公司里很多年轻的同事都不喜欢倚老卖老的杨东，可又不好说些什么。渐渐地，“资深”的杨东有些“不像话”了，总经理几次强调要给客户预留空间，要懂得聆听的艺术，不要和客户抢话，但杨东自忖自己是老资格，自己的经验无比丰富，根本就没听经理说什么。销售的时候依旧我行我素，对着客户滔滔不绝，根本就不管客户有没有在听，客户想要了解产品的详细信息，他就会把一叠资料交给客户，就像 20 年前他推销的时候一样。然而，现在不是 20 年前了，客户虽然不大牌，却也不是受气的小媳妇。哦，我自己看资料，那你这个销售是干什么吃的？

于是，杨东的销售业绩越来越差，被投诉的次数越来越多，最终，总经理忍无可忍，断然把杨东给开除了。

倒掉过去的成就，才可能装下新的成就；倒掉过去的荣耀，才可能收获新的荣耀；倒掉过去的销售经验，才可能装下新的销售经验。毕竟，时代在发展、社会在进步、产品在更新、客户在提高，如果推销员还保持着老一套，那么被淘汰就是必然的。

事实上，销售就像是给杯子注水的过程，推销员注入了 99.9% 的清水，眼看着就要成功了，可是最后却注入了一点浑水，那么整杯水都会混浊，必须倒掉重新注水。当然了，若是杯子本身就存在泥沙，不及时清理，那推销员所做的一切就更是无用功了。

100−1=？数学上等于 99，但在营销学中却等于 0！

因为不能“空杯”，而导致功败垂成的销售案例不胜枚举，前车之鉴，却还有很多人不知道去吸取教训。销售不是做题，做错了可以改，做错了一道题，依旧可以得高分。一个销售环节出了错，很可能造成整个销售过程的崩溃。而崩溃的结果，恐怕是谁都不愿意看到的。

那么，销售环节为什么出错？杯不空！杯不净！如是而已！

要空杯，要忘记自己的好，要忘记自己的辉煌，谦逊一点儿，这些很多销售员都明白，但要做到真的很难。

我们常常都对自己说，要忘记过去的成功，要忘记自己的优秀，忘记自己创造的奇迹，可是成功带给了我们财富，优秀带给了我们金钱，奇迹带给了我们盛名，这些东西已经渗入了我们的生活，岂是说放下就能放下的？

“拿得起，放得下”是一种境界，能够达到这种境界的人并不是很多，放不下的才是多数。但，放不下其实正是一种束缚，束缚了我们前进的脚步，束缚了我们迈向更大成功的步伐，必须要警惕。

能主动“空杯”的人，是永远都不满足于现状的人，永远都不满足于现状，永远都阔步向前的人才是最成功的人，阔步需要动力，而动力激发潜能，潜能造就成功，一个成功的循环便是如此的简单。

这种循环，不仅适用于销售领域，还适用于我们的人生。所以，不要抱着一杯旧茶、一杯浑水沾沾自喜了，倒空你的杯子，给自己一杯新茶、一杯清水、一段不一样的人生吧！相信我，这并不难，倒掉、重注，再倒掉、再重注，如是而已！

"三组数字，第一组数字：2、6、4；第二组数字：1、7、3、8；第三组数字：9、5；请问这三组数字有什么不同？"这是一家乳制品公司招聘销售副总的时候给应聘者出的最后一道考题。如果是你，你会给出怎样的答案？

2 掌握应变能力能让你游刃有余

"区别在音调，"这是薛丹给出的答案，"2、6、4都是去声，也就是我们常说的四声；1、7、3、8都是平声，也就是我们常说的一声；9、5都是上声，也就是我们常说的三声。"

你的答案呢？和这个答案一样吗？一样也好，不一样也好，其实无所谓，因为，这道题目本身就没有什么标准答案。薛丹的答案可能和主考官心中的答案也不一样，可是最后，被聘任为副总的还是薛丹。

为什么？因为她的对手全部都被问懵了。他们没有在规定的时间内给出答案！

看过《火影忍者》的人都知道，在中忍考试的第一场，自始至终没有写上考卷、由考官森乃伊比喜最后宣布的"第十题"才是整场考试的关键。第十题答对了，即便前面的九道题都答错了，甚至根本就没有回答，依旧能够通过考试；而第十题答错了，前面九道题纵使答得再完美，也会被淘汰出局。

人生不是中忍考试，职场不是中忍考试，销售也不是中忍考试，但其中的道理却是相同的。前面九道题考察的是一个人的专业素质和基础知识，这些答对了，只能说明你是一个理论扎实、基础扎实的合格应聘者。而第十题，考察的则是一个人的应变能力，这道题答对了，才能证明你是一个优秀的应聘者，你的人生起码不会出现惊慌失措。

就像薛丹，实际上，在所有的应聘者中，她的学历不是最高的，她的能力也不是最强的，可她随机应变的表现却是最突出的，所以，最后她力拔头筹，成为了这场竞争的胜利者。

现实生活中，我们总是会遇到这样或那样的意外，或遭遇形形色色的突发问题，这个时候，再强的理论，再扎实的基础知识也不能给我们任何帮助，而良好的应变能力却能够让我们游刃有余。

虞蕾是“真美丽”服装公司的一名销售经理，负责真美丽东城分店的销售工作。

这一天，虞蕾正在二楼的办公室整理账目，店里的一个销售员慌里慌张跑了过来，告诉她有客户来闹事。

虞蕾一听，赶紧下楼去，看到一个穿着时尚靓丽的女郎正指着鼻子斥骂店里的另一个销售员，一边骂还一边啪啪地拍打左手边的一个服装袋。

这个女郎，虞蕾认识，叫林淼，昨天刚刚在店里买了一条价值 8888 元的裙子，是个富二代，虞蕾还特地留下了她的名片。见林淼来闹，虞蕾有些莫名其妙，赶紧过去询问。林淼拎着服装袋说：“你自己看看，你们店里卖的是什么东西？”

虞蕾接过服装袋，打开一看，袋子里装的正是林淼昨天买的那条裙子，裙子的做工并没有什么问题，也没有划伤、线头，就是左肩的位置有一小片淡蓝色的污渍，很小，不注意根本就看不到。

“这裙子我不要了！你看看这污渍，弄成这样，要我怎么穿？马上给我退货！”林淼大声叫嚷着，周围许多顾客也被吸引了过来。

看到这种情况，虞蕾心里也着急，要是处理不好，不仅店里的生意会一落千丈，整个公司的信誉都会受到影响，这可不是什么小事情，后果很严重。可是这个时候，越慌越解决不了问题。她灵机一动，指着那片淡蓝色的污渍，笑着对林淼解释说：“林女士，您别着急，我想您是误会了，您看，这图案是不是像一只展翅的蝴蝶，这不是裙子脏了，而是我们公司为纪念公司成立20周年专门印上去的，只此一件。哪位顾客买到了，就能得到公司特别赠送的周年礼品一份。您看，您多幸运，为什么要生气呢？我一直想要买到这裙子，可惜找了半天都没找到呢。”

“是这样吗？”林淼半信半疑，但脸上的怒火明显褪去了不少。

“当然是！”虞蕾很认真地点点头，然后正儿八经地拿过一条同款同色的连衣裙，比画了一下，对林淼说：“您看，这件上面就没有。您要是实在不喜欢印了‘幸运标记’的那一件，我给您退。也不怕您笑话，我还想找到裙子，自己买下来，向全公司炫耀我是那个最幸运的人呢，可惜这标记藏得太深了，我没找到。”

这回，听到虞蕾的话，林淼脸上的怒气彻底地消失了，取而代之的是满脸喜悦，她把裙子从虞蕾手里夺过来，紧紧抓住，连连摇头：“不退了，我不退了，谁也别想把我的运气抢走！”

林淼转怒为喜，很快就笑呵呵地离开了店面，虞蕾就这样将一场危机轻松地化解了。

通过虞蕾的例子，我们不难看出，随机应变的能力真的很重要。在现代职场，应变能力被认定为成功白领必须具备的素质之一，也不是无的放矢。

要知道，职场是瞬息万变的，事物也是在不断变换的，突发状况层出不穷，意外频频发生。我们永远都不知道下一刻会发生什么，我们也永远都无法预料客户下一步会怎么说、怎么走、怎么行动，很多时候很多情况都会超出我们的预计，超出公司的预计。这个时候，如果没有良好的应变能力，就只能坐看事情朝着不可预知的方向发展，徒然叹息，坐看订单从我们的手中溜走。显然，这让人很难接受。

所以，从现在起，激发自身的潜能，挖掘你身体中最神奇的力量，学着随机应变吧，当你真正将应变这门功夫练得炉火纯青的时候，成功对你来说就真的是小菜一碟了！

美国著名推销大师，保险界的王者乔·坎多尔弗曾经这样描述自己的工作，他说：“推销工作98%是感情工作，2%是对产品的了解。”的确，影响顾客购买欲望的因素有很多，但最重要的绝对不是产品，而是感情。只要感情到了，交易自然就是水到渠成的事情。

3 情感沟通是最重的砝码

2008年美国总统大选，贝拉克·侯赛因·奥巴马，一个默默无闻的黑人战胜了曾经的“第一夫人”希拉里·克林顿，战胜了战争英雄、资深参议员约翰·麦凯恩，出人意料地走上了美国权力最巅峰，成为美国新一任总统，不知道令多少人跌碎了眼镜。

奥巴马不像希拉里，他没有比尔·克林顿的庇荫，他也不如麦凯恩，他没有骄人的政治资历，他并不是一件“一等产品”，在总统竞选这场最盛大的营销大战中他没有什么优势，但，笑到最后的那一个恰恰就是他。他凭的是什么？

情感！对，就是情感！他以极富煽动性的改革口号成功地俘获了美国民众的感情，他得到了美国民众的信任与情感支持！

还有什么比情感更难得到吗？没有！还有什么比情感更容易得到吗？也没有！

现实生活中，我们常常讲“动之以情，晓之以理”，说归说，许多人对此却不以为然。事实上，大道至简，真理从来都不复杂，在推销过程中，情感的确是最有力、最动人的武器。

中国有句古话，叫作“人非草木，孰能无情”。人类，自诞生的那一刻起，便注定不可能是一种完全理性的动物。因为人类有思想，人类有最奇特的情感。这个世界上，没有感情的人是不存在的，只是有的人情感比较内敛，而有的人比较张扬，有的人情感比较丰富，有的人则多少有一点儿冷漠。但就算是一座“冰山”，实际上也是有感情的。既然有感情，那么就不可能做到如机械般理性，既然有情感，那么做出某种判断的时候，自然会受到情感的影响。

调查显示，70% 的销售成功源于 100% 的情感沟通。和客户建立起感情，和客户成为朋友，是成功销售最简捷最有效的方式。

“推销产品之前，先推销自己。”乔·吉拉德曾经这样说过。销售的过程实际上就是一个情感沟通的过程，沟通成功了，得到客户的认可和信任了，卖出产品自然不是什么难事。

世界华人销售界明星，台湾“保险皇后”陈明莉从一个借衣公主顺利踏上巅峰，凭依的最重砝码就是感情。

自陈明莉进入友邦保险公司以来，她一直坚持着“以情动人”的销售“老套路”。她对每一个客户都十分友善，她尝试着和每一个客户都成为朋友，她对每一个客户的真诚都是不带任何瑕疵的。

有一回，客户 K 先生的母亲因为突发急病住进医院，需要马上进行手术，K 先生本人正好在国外，没有办法及时赶回来，为此非常焦急。陈明莉知道这一情况后，立即赶往医院。

手术进行了十个小时，主刀的 L 医生才一脸疲惫地从手术室里走了出来，告诉陈明莉手术成功了，病人脱离了生命危险。陈明莉非常高兴，连声感谢 L 医生。之后的一个月时间里，陈明莉无微不至地照顾着 K 先生的母亲，擦身送饭、任劳任怨，医院的许多医护人员都对她印象深刻，L 医生在一次查房之后，更是忍不住对 K 先生的母亲说：“老人家，您真有福气，有这么孝顺的女儿。”

陈明莉听后，笑着向 L 医生解释说：“您误会了，这位夫人不是我的母亲，是我客户 K 先生的母亲。”L 医生看着陈明莉，久久没有说话，他真的是太惊讶了。

又过了半个月，K 先生回来了，陈明莉还没有和他谈保险的事情，K 先生就主动签单了，在那之后，K 先生公司的所有保险业务再也没有找过别人。不仅如此，K 先生还为陈明莉介绍了不少大客户。

那之后，陈明莉继续着她忙忙碌碌的生活，代替客户陪伴照顾亲人也不是第一回。有一次，陈明莉和 L 医生在另外一家医院再次偶遇，陈明莉正在陪伴另一个客户的女儿。L 医生见了，感触颇多，第二天就约陈明莉到家中见面，替自己一家人买下了三份保险。

21 世纪是一个竞争的世纪，销售更是一个必须付出全部潜能的行业，千千万万的推销员在职场的洪流之中如过江之鲫，面对如此激烈的生存战争，我们凭什么超越对手，站上巅峰，很简单，凭实力，凭情感！

“人类如果感受到别人的关爱，就会放开自己的心灵。”世界潜能学大师恩克尔曼曾经这样说过。不求回报的真诚关心总是最动人，最暖人心的。倘若你付出了，那么上帝会给你最美妙的回报。

没有付出，就不要奢望收到回报，当你付出的时候，世界自然会给你惊喜。

有的时候，成功其实离我们非常非常近，只要我们打开门，就能够看到它，只是很多人都丢失了打开门的最宝贵的钥匙——情感。这实在不是一件令人愉快的事情。

想要找回自己的钥匙吗？想要打开阻隔在你与成功之间的大门吗？去和客户沟通吧，去用情感打动客户吧。记住，动之以情这种老套路也有自己的春天，而且春光格外明媚！

东方公司新招了一批推销员，第一个月便创下了佳绩，老总很高兴，特意过来给这批推销员开表彰会。会议开始前，老总例行点名，点到“李曰（rì）”的时候半天没人回答，老总很纳闷，又叫了一遍：“李曰（rì）”这个时候，一个小伙子站了起来，小声说：“我不叫李日（rì），我叫李曰（yuē）。”老总皱了皱眉，正想接着开会，李平渡站了起来，一脸歉意地说：“对不起，总经理，名单是我负责打的，我把名字打错了。”老总面无表情地看了李平渡一眼，没有说什么，继续开会。会后，许多人都说李平渡傻，可不到半个月，他就晋升为销售部主管，而李曰则被炒了鱿鱼。

4 适当“装傻”，才是智慧的表现

李平渡傻吗？不！他一点儿都不傻！相反，他非常的聪明！他只不过是在装傻，真正傻的那个人是李曰。在那么多同事的面前，让老总难堪丢面子，这不是傻是什么？真正的绝世高手都不显山不露水，真正聪明的人也绝对不会刻意去标榜或表现自己的聪明，如李平渡，他真的打错了名单吗？显然不是。甚至名单根本就不是他打的。可他这么说了，主动将“错误”揽在了自己身上，这看似很傻，但却很巧妙地化解了老总的尴尬，聪明地为老总挽回了面子。这一点，老总心知肚明，对这么有眼力见的员工又怎么能不提拔？

这倒不是说，老总一定有多么的小肚鸡肠，相比于李曰，李平渡的确更适合职场，更适合销售主管的位置。试想，若是叫错名字的是客户，李曰也来这么一句，客户不会尴尬吗？连名字都念错，这是要证明客户傻吗？

“卖的都比买的精”，这个道理我们都明白，但明白归明白，这东西能拿到台面上说吗？

如果一个推销员在与客户的沟通中极力凸显自己的精明，极力表现自己的强势，交谈中时时不忘指出客户的错误，一步步把客户推向了“傻子”的地步，那这个“傻子”客户会买“聪明”的推销员的账吗？要是买了，岂不是在间接地证明自己就是个傻子？

真正聪明的推销员其实都是大智若愚的，他们懂得如何“装傻”，懂得如何把客户推到“聪明精干”的宝座上，懂得如何时时刻刻表现自己的“无知”和客户的“博学”，“聪明”的客户才会觉得自己已经掌控了局面，在销售过程中获得了主导权，对最后的销售结果才不会抗拒，才会欣然“赚一把傻销售员的便宜”。而这，正是推销员很乐意看到的！

日本航空公司在20世纪为了拓展业务，曾经与美国的一家飞机制造集团展开过一场谈判。

谈判刚开始的时候，美国公司的代表非常自负，他将事前就准备好的一大堆幻灯片资料花费两个小时放映给日方代表看，并洋洋洒洒地做了讲解。讲解结束后，美方代表问日方代表：“各位，你们觉得怎么样？”日方首席谈判代表摇头：“对不起，我们没有听懂！”美方代表一听，心中升起无名之火：你们是蠢猪吗，说得这么清楚还听不明白？！但为了生意，他还是按捺住怒火，又从头到尾将资料重新讲解了一遍，讲完，他又问：“各位，这回听明白了吗？”这回，日方所有的谈判代表全部摇头。美方代表火了：“你们到底哪里听不懂？”日方首席代表说：“从你开始介绍的那一刻起，我们就没听懂！”

美方代表这回彻底没了脾气，软倒在座位上，有气无力地问：“那你们想要怎么办，怎样才明白？”日方代表不紧不慢地说出了自己的条件，其间的表现依旧非常“愚蠢”，但对这些“愚蠢”的家伙，美方代表却一点办法都没有。最后，日方在谈判中斩获了巨大的利益，聪明的美国人则什么都没有得到。

很多时候，装傻其实是一种难能可贵的智慧，适当的装傻，才是斩获成功的利器，就像日方代表，他们“愚蠢”得不行，可恰恰正是“愚蠢”战胜了“聪明”。这不是偶然，这是必然的，不是吗？

现实生活中，推销员面对的客户形形色色，这些客户不可能全都对产品了解详细，也不可能全都博学精干。由于出身、受教育程度、职业环境等的不同，客户的涵养与个人素质也千差万别，“傻”客户也不是没有，甚至很多。这个时候，真正优秀的销售员要做的，不是指出客户的“傻”，而是要装得更傻，来凸显客户的聪明，这样，客户才能得到满足感，才可能感到自己这钱花得值！

布莱克兄弟经营着一家男士鞋帽店，店里的生意很火爆，很多人都愿意来光顾他们。因为，大家都知道，这两兄弟又傻又聋！

每天，哥哥比尔·布莱克都会站在鞋帽店的门口，热情地招呼路过的客人到店里去，等进了店，比尔就会不厌其烦、一遍又一遍地向客人介绍店里的鞋子，极力夸赞客人是多么地适合这双鞋子，极力表明鞋子非常的实惠，买了绝对不亏，绝对是在亏本大甩卖。

当客人终于被说动，询问鞋子的价格时，比尔就会突然变得“耳聋”，他问客人：“您说什么？我耳朵不好使，没有听清楚，请再说一遍好不好？”于是客人就会重新问一遍：“这双鞋子什么价？”

这回，比尔听清了，他站起身来，高声问柜台边的弟弟詹姆：“詹姆，这双纯皮的 CK 休闲皮鞋多少钱？”

詹姆会配合地探出身子，看看皮鞋，然后说：“八百美元。”

“什么？你再说一遍。”比尔又“聋”了。

“八百美元！”詹姆提高嗓音，大喊。

“哦。”比尔点点头，然后转身告诉客人：“五百美元！”

客人一听，赶紧掏出五百美元，买下皮鞋，高高兴兴地走了。

布莱克兄弟傻吗？聋吗？不！他们精明着呢。他们只是用“装傻 + 装聋”的方式为客户营造了一种“我很傻，你很精明”的氛围，让客户觉得自己占了大便宜，“聪明”极了。于是，客户不仅会爽快地掏钱，而且十有八九还会再次光顾“傻子”的店铺。

聪明难，糊涂更难，难得糊涂才是福。装傻是一种智慧，装傻是一种艺术，装好“傻子”是对潜能的一种挖掘，“傻子”的力量无比神奇，装得越像，你离成功的距离也就越近。不要不相信，事实就是如此！

恋爱的时候，男生向女生表白：“我喜欢你，我们交朋友吧。”女生心里也很喜欢男生，可是却不想让对方觉得追到自己如此容易，于是就说：“给我两个月的时间考虑考虑吧。”接下来的两个月，男生就会表现得加倍殷勤、加倍热情。这种现象，屡见不鲜，“考虑考虑”也成了许多女生的专用名词。为什么“考虑”竟能如此的神奇？无他，因为它的背后站着一尊大神——吊胃口。

5 以退为进，吊胃口也是一种战略

越是得不到的就越想得到，越被吊胃口越高兴，越容易得到的越不知道珍惜，人有时候便是如此奇怪的一种动物，矛盾而复杂。要“考虑考虑”的女生显然很好地把握了这种心态，她将一根恋爱的胡萝卜永远吊在了男生的眼前，男生为了得到这根胡萝卜，自然会屁颠屁颠地紧跟在女生的身后，百依百顺、温柔体贴。

事实上，不单单是恋爱，在我们的日常生活中，吊胃口的“威力”同样不容小觑。

看看电影院外排起的长龙，看看某畅销产品货架外云集的人群，我们难道不应该感慨一下？电影真的那么好看，好看得让这么多人趋之若鹜？或许真有这样的经典电影，但更多的买票人却单单是冲着大片、热片的名头去的，因为大家都在买这场电影的票，电影票供不应求，所以我们才去买，至于电影到底好不好看，我们倒不在意了。

畅销商品也是如此，因为畅销，因为供不应求，因为许多人都去买，更因为买不到，所以，顾客反而踊跃地去买。若是某样商品烂大街了，随处都可能买到，即便它真的物美价廉，短时期内也不会有人问津。

你说奇怪不奇怪？奇怪吗？其实一点也不奇怪。人人都如此，包括我们自己，得不到的才觉得珍贵，不知道的才会好奇，知道了得到了，反而觉得乏味无用了。

王明是一家熨斗公司的销售员，刚入职的时候，他收到的第一份新人“福利”就是去卖一批放在仓库里几年都无人问津的塑料熨斗。

说实话，这批熨斗真是没有什么优点，但做销售的能这么说吗？不能！

王明带着熨斗来到了车站广场，拿着扩音器开始叫卖。他是这样介绍这批塑料熨斗的：“女士们，先生们，现在请停下你的脚步，花费5秒钟来关注一款绝对会让你受益一生的产品——健康熨斗！”

“不就是一个塑料熨斗吗？”一个中年男人表示怀疑。

“不，不，”王明摇头，“这位先生，我必须郑重地告诉您，我手中的熨斗绝对不是普通产品，它是我公司耗时三年研发出来的健康熨斗，其中内置了能促进人体血液循环的特殊装置，用它来熨烫衣服，不仅能够让您的衣服更加平整美观，而且还能降低血糖，调节……”

“是真的吗？”大家将信将疑。

王明趁热打铁：“当然是真的，我公司以信誉保证。另外，这里还有国内最权威的科研机构做出的认证。您如果不相信，可以咨询……这款神奇的熨斗目前还没有投放市场，我公司决定以超值酬宾特价先试销一个月，限售300件，每天30件，先到先得！”

王明的话动摇了一部分人，在第一位客人购买之后，其他人也纷纷购买，在售出10件之后，王明适时收手，表示明天再卖，结果，预购的客户竟多达百个。一个月之后，公司的仓库里再也见不到塑料熨斗的身影。

吊胃口，在营销界还有一个特别的名字，叫作饥饿营销。王明采用的便是一种典型的饥饿营销方式。这种方式，算得上是独树一帜，运用得好了，效果奇佳，但运用得不好，却很可能鸡飞蛋打。

销售大师原一平就是一个高超的饥饿营销专家，他是一个最优秀的表演者，总是会在最适合的时候，最恰当的场合，用最恰当的方式来吊客户的胃口。

比如，在客户听他的介绍正听得津津有味、意犹未尽的时候，他会不好意思地看看表，然后站起来向客户道歉："对不起，先生（女士），我突然想起有一件急事还没办，我告辞了，改天我再来致歉。"

这样一来，被半途放鸽子的客户固然会觉得他比较冒失，但也同样对他充满好奇：这个推销员真有意思，他要去办什么事，他还没有给我介绍完，真想知道下面的内容。

就这样，原一平很轻松地给客户设置了一个悬念，挖了一个坑，吊起了客户的胃口，在下次或下下次的拜访中，他会一步一步地将悬念解开，把坑填上，满足客户的好奇心，一步步地诱导客户，等到客户完全恍然大悟的时候，原一平也拿到了他最想要的订单！

如果把销售比作一场战争的话，那么以退为进、吊胃口就是一种诱敌深入的战术，只要敌人入瓮了，那么主动权就转移到了我们手里。但销售毕竟不是一场战争，客户也不是我们的敌人，适当地吊吊客户的胃口，这没什么，相反会是很好的销售手段，但一旦过头了，引起客户的不满和厌烦，那么苦果也只好由我们自己吞下。

总而言之，言而总之，吊胃口的确是不错的战术，学会吊胃口也确实有利于销售，但吊胃口同样也是一件冒险的事情。所以，如果你的冒险精神不够，如果你对自己在吊胃口方面的潜能不够自信，那么，使用此战术的时候，还是谨慎一些为好。

范三科是一个穷秀才，寒窗苦读十年，终于通过会试，得到朝廷的恩赏，得到了一个七品县令的职位。上任之后，范三科依照惯例去拜访自己的上司——巡抚尼玛哈•多尔。两人见面的场面很尴尬，谁也不说话，沉默了半晌，范三科才傻傻地问：“大人您贵姓？”多尔回答：“尼玛哈。”范三科想了想：“这是正红旗的姓氏，不够尊贵，正黄旗才尊贵。”多尔闻言大怒，挥挥手，打发走了范三科。第二天，范三科就接到调令，被调到县学教书去了。

6 要学会察言观色

无论是在职场上，还是在日常生活中，那些懂事的人、有眼力见的人、会做事的人总是更受他人青睐，像范三科这样书呆子类型、愣头愣脑的人则多为人所不喜。为什么？因为他不懂得察言观色！

和人打交道是一门学问，察言观色同样是一门学问，善于察言观色的人做事总是能令人很舒服，不善于察言观色的人有的时候得罪了人却不自知。范三科就是个典型。或许，他才华横溢、满腹经纶，但那又怎么样呢？只会做学问不会做人在官场上是活不下去的。同样，一个销售员，纵然雄辩滔滔，纵使对产品了解得无比透彻，如果不能博得客户的喜欢，在销售领域也是混不下去的。

或许，你会说，我天生性格就木讷、内向，不会说话，看不懂别人的脸色，但如果你这样说了，那么，不要辩解，你绝对是在找借口。没有谁“天生”就是木讷的，也没有谁“天生”就懂得察言观色。察言观色和语文、数学、英语等学科一样都是经过后天学习而掌握的，如果说有区别，那便是教会你语文、数学的是学校，而教会你察言观色的却是社会。

迈入社会，失去了象牙塔的庇护，温室中的花朵必然要栉风沐雨，接受现实的残酷考验，在考验面前，有的人胜了，有的人败了，但无论胜败，人们都明白了同一个道理，那就是想要在社会中生存得好，就必须学会察言观色。

那么，如何察言观色呢？

首先，说说察言。

事实上，语言是一种非常神奇的表达方式，通过语言，人们能够表达很多东西，内心的想法、诉求、好恶，等等。同样，通过一个人的谈吐，我们也能了解很多东西，说话人的性格、地位、偏好、品位，等等。没有什么是无迹可寻的，如果你没有找到，只能说你观察得还不够仔细。

著名销售大师齐格·齐格勒就有一项神奇的本领，他能从客户的语言中捕捉到许许多多的信息，从而准确地判断出客户的真正需要。

要知道，有很多时候，客户都是表里不一的，他们心中所想的和嘴里所说的，完全是两码事。比如一个客户对齐格·齐格勒说："这套厨具看上去非常精致"，这听起来似乎是一句赞美，但客户的语气却很低沉，有些阴阳怪气的味道。听到这句话，齐格马上就反应过来了，这位客户并不喜欢典雅精致的厨具，于是他赶紧为对方推荐了另一款风格大方粗犷的厨具，结果，客户非常满意，高高兴兴地掏了钱。

察言，察言，就是对语言的一种寻根究底，找到说话人真正要表达的意思，察言这一关你就算是过了。

察言的方法有很多，基本上，还是在一个"察"字，说话人的语气、说话的声调、话语中的关键词、感叹词的运用，这些，都是我们需要多多注意的。

其次，再来说说观色。

天气预报员能够根据卫星云图的变化看出天气的变化，是要下雨，还是要刮风，是晴天还是会下冰雹。同样地，每一个人的脸色也都是心灵的晴雨表，真正善于察言观色的高手通过观察一个人的面部表情、肢体动作就能判断一个人真实的内心感受，能猜测出他想要什么。

有一次，齐格·齐格勒到一个客户家里去推销厨具，眼看就要成功了，但这个时候，客户的儿子刚好回家，他看了齐格·齐格勒的厨具一眼："这个不好看，不要。"然后，齐格就看到，客户的眼中露出了宠溺而无奈的神情，显然客户对儿子的意见非常重视。于是，齐格马上改变主攻方向，用巧妙的语言说服了这个年轻人。

如果齐格·齐格勒没有眼力，一味地去纠缠客户本人，这单生意还会成功吗？一个字，悬！

观色，观色，观的就是面色，所谓相由心生，一个人内心真实的情感总会分毫不差地表现在脸上，不想笑而强笑，那是假笑，不想哭而强哭，那是假哭。因为假，所以，即便隐藏掩饰得再好，还是不免会露出破绽。

观色，和看"云图"道理其实是一样的，只不过，这个云图没有画在纸上，而是画在了脸上，究竟能不能看懂那就要看个人的道行了。

总而言之，言而总之，察言观色是一个人的人生必修课，琢磨懂了，搞明白了，人生的道路走起来就要顺很多，激发的潜能也会大很多，所以，不想永远苦苦挣扎在底层的你，还是努力修行一下这门绝技的好。

Chapter 8

爱是这个世界上最伟大最神奇的东西，它能迸发出不可思议的力量，当爱的纽带将你与客户联结在一起的时候，你的推销就已经成功了大半。

昨天刚刚认识一个新同事，第二天他却根本就不认识你，抑或虽然认识，但根本就叫不出你的名字。这样的场面你有没有遭遇过？当时你是怎么想的？是不是很愤怒？很不快？是不是觉得自己的尊严受到了蔑视？将心比心，如果是你没有记住一个新朋友、新同事的名字，他或她是不是也会同样愤怒，同样不喜欢你？

1 尊重，从牢记他人姓名开始

名字，是每一个人在这个世界上最独一无二的印记，是每一个人真实存在的一种证明。见到一个人，你最先想到的肯定是：这个人是谁？他叫什么名字？而不会直接就去想：他是干什么的？来自什么地方？

这是一种人类本能的惯性，不以任何人的意志为转移。

填写简历的时候，第一栏肯定是“姓名”；填写报税单的时候，第一栏填的肯定还是“姓名”；纪念某个人某件成就，我们还是习惯去用“姓名”；哪怕是在审讯，警官们问出口的第一句话依旧是“姓名”。

英国人爱德蒙·哈雷第一个观测到了世界上最著名的短周期彗星，所以，这颗彗星的名字被叫作哈雷彗星；乔治·华盛顿领导美国人民打赢了独立战争、建立了美利坚合众国，所以为了纪念他，美国首都被命名为华盛顿市……诸如此类的例子，不胜枚举，这些似乎都在向我们昭示一个道理：名字对一个人很重要！

谁会不重视自己的名字呢？没有人会不重视自己的名字！没有！在社交礼仪中，

记住一个人的名字被视为很重要的一项，这不是没有道理的。

美国政坛上，曾冉冉升起过一颗耀眼的明星——吉姆·法莱。他帮助罗斯福总统走上了美国权力的巅峰，他自己也叱咤风云半生，而他成功的秘诀，便是：记住每一个人的名字！

一个竞选者能够不知道选民的名字吗？当然能！因为整个美国的选民实在是太多了！但吉姆记住了。他每到一个选区，每经过一个市镇，都会给见过的所有人写信，一封简短而不失亲切的问候信，不需要花费多少笔墨，但却足以让人觉得窝心而受宠若惊。看，一个大人物记住了我的名字，他是重视我的！收到信的选民难道不是这么想的吗？

世界著名营销大师戴尔·卡耐基曾经说过：“牢记别人的名字，是一种既简单又有效地获取别人好感的方式。”事实也的确如此，拿破仑三世曾为自己能记住所有人的名字而得意不已，罗斯福总统也因为能清楚地记得工作人员的名字而备受爱戴。

不管你身处怎样的境遇，不管你是成功，还是失败，是总裁还是清洁工，都难免会和人打交道，既然要打交道，那么获取别人的好感，便不可能是一件无足轻重的事情。

很多时候，我们为了增进和别人之间的感情挖空心思地想办法，但最容易做到最具实效的办法却被我们视而不见，轻易地忽略掉了。想想，有什么能比记住一个只见过一面的人的名字更让他惊喜？有什么能比十年后相见仍能清楚地喊出一个萍水相逢的人的名字更令人感动？

南北轴承公司是某省一家名不见经传的小企业，产品中规中矩，不出彩也不劣质，陆完就是这家公司的销售员。

有一次，公司接待了一位俄罗斯客户，客户参观了生产车间，看过公司的样品之后，似乎并不十分满意，第二天就离开了。公司老总思前想后，觉得既然客户没有直截了当地拒绝，那么怎么着都还要再争取一下，于是就派公司最好的销售员陆完前去客户下榻的饭店拜访客户。

陆完和客户约好了时间，准时到达。一进门，他就面带微笑，热情而不失礼貌地打了一声招呼："早上好，安德烈·伊万诺维奇·库兹涅佐夫先生。"

陆完的话说完，客户就愣住了，他怔怔地看着陆完，眼中渐渐出现了一层水雾，过了好一会儿，他才回过神来，哽咽地对陆完说："很抱歉，陆完先生，我太激动了，20年了，您是这20年来第一个称呼我全名的人，谢谢！"

可想而知，陆完和库兹涅佐夫先生接下来的谈话非常愉快，陆完也成功拿下了这份来自异国的订单，即使他推销的产品真的没有什么优势。

看看吧，这就是记住别人名字的魅力，这就是尊重的魅力！

有谁不希望被别人尊重呢？有谁会不在乎别人的蔑视呢？或许，你会说，我没有蔑视谁的意思，我只是太忙而已，对他印象不深，所以没有记住他的名字。可是，连作为一个人基本存在标记的名字你都没有记住，这难道不是最大的蔑视吗？好吧，你忙，你能比罗斯福总统还要忙吗？

许多人推托的时候，都喜欢用忙来作借口，但事实上，忙并不能成为所有事情的借口，如果你经常忙，而且忙得忘记了这个，忘记了那个，那么终将有一天，你会被成功忘记。

记住一个名字，要多长时间？一秒钟？还是两秒钟？记住十个名字要多长时间？一分钟还是两分钟？一分钟够你玩一局游戏吗？两分钟够你喝一杯咖啡吗？仅仅牺牲一局游戏、一杯咖啡的时间来记住别人的名字，就能够轻易地获得别人的好感和尊重，还有比这更划算的生意吗？

"哦，您真漂亮""先生，您太能干了，我特别佩服您""太太，我从来没见过像您这样果断的人"……想想吧，我们是不是经常这样去赞美别人，或者也被别人赞美过，可还有什么比记住别人的名字更好的赞美方式呢？

当你冲着一个人清晰地喊出"XX先生""XX女士"时，他（她）的脸上难道不会露出笑容吗？

当然，最后，有一点不得不特别强调，那就是学以致用。牢记别人的名字，不仅仅是要记在心里，还要喊出来！你不喊出来，谁知道你记住了他的名字呢？爱需要表现，尊重同样也需要表现。

上帝在创造人类的时候，赐给了人类一件最珍贵的礼物——记忆。记忆是一个背包，背包里放着一个又一个的小格子，小格子上贴着不同的标签：亲人、朋友、爱人、敌人、知识、技能、趣事、杂谈、童年、中年、老年……标签很多，数都数不过来，只要是能够被记忆的东西，都有自己的格子与标签，只是，背包的空间是有限的，当空间被填满的时候，新的格子想要放入，就必须有旧的格子被丢弃，这就是遗忘。

2 爱的联系，让客户记住你

每个人每一天都会记忆一些东西，也会遗忘一些东西。

大学的时候，为了考英语四、六级，我们记下了几千个英语单词，走入社会了，几年也不见得和人用英语交流一次，渐渐地，清晰的单词变得模糊，越来越多的知识从脑中被剔除。

刚入职的时候，我们曾经废寝忘食地背下了公司手册，几年过去了，一代新人换旧人，工作手册几番新，过去费劲背下来的东西，还能记住多少？

许多人都有这样的体会，离开学校几年，甚至只是几个月之后，再重新拿起过去的书本，做过去做过的习题，会觉得很模糊很陌生，有的干脆就不会做了，即使当初这样的题型我们最拿手。

为什么？因为遗忘！遗忘是大脑的一种本能，当一些东西被尘封在角落，不再被提起、不再被经常使用、不再被重视的时候，记忆系统在自动更新的时候就会将之抹去。就好比，我们将没用的文件放进回收站，电脑清理垃圾的时候会自动对回收站清零一样。

大脑比电脑要复杂很多、神奇很多，它会自动对记忆做出判别，会自动将被认定为无用的记忆清零，不用我们操心。

那么，大脑怎样对一段记忆进行判断？什么是有用？什么是无用？标准是什么？无他，记忆的痕迹与频率！

记忆与记忆是不同的，有的记忆在大脑中留下的痕迹很深，有的记忆在大脑中留下的痕迹却很浅，有的记忆在大脑中经常出现，有的记忆在大脑中却极少出现。当大脑进行自我清理的时候，那些痕迹最浅、出现最少的记忆影像自然就会被剔除，以迎接新记忆的到来。

要知道，我们的大脑每时每刻都在自动更新中，除非大脑停止运转，否则，遗忘必然难以避免。毕竟，大脑的记忆空间是有限的。

想想看，街边一个擦肩而过的路人你会记住他吗？你又会记住他多久？朝夕相处的朋友你会记不住他吗？你又怎会将他忘记？

一个推销员，对于客户来说，无异于路人，用不了多久就会被遗忘，甚至也许前天刚刚见过面，再次相见，客户也会很疑惑地问一句：“你是谁？我认识你吗？”

虽然不想承认，但这的确是事实，许多推销员都遭遇过这样的尴尬。被人遗忘的感觉并不好受，尤其是推销员，被遗忘了就等于被判了死缓，如果不能重新唤醒并加深客户对你的记忆，那么你以前所做的所有努力都将付之东流。成功什么的，也将变得遥遥无期。

那么，怎样才能让客户记住你，怎样才能保证关于自己的记忆不会被客户的大脑更新掉呢？

很简单！加深你在客户心中的记忆！增多你在客户记忆中出现的频率！

换句话说，就是成为客户亲近的人！对每一个人来说，亲近的人都是不容易被遗忘的，因为关于亲近之人的记忆是最频繁、最重要、最深刻的！

好吧，既然如此，怎样才能从一个陌生人变成客户的朋友，变成客户亲近的人呢？

用爱！是的，用爱！

爱是这个世界上最伟大最神奇的东西，它能迸发出不可思议的力量，当爱的纽带将你与客户联结在一起的时候，你的推销就已经成功了大半。因为，有了爱的指引，客户再也不会将你轻易遗忘！

乔·吉拉德每个月都会给客户寄上一张贺卡，多年如一日，从来都不曾改变。这些贺卡就是他对客户的“爱”，客户感受到了这种爱，自然不会将他忘记，甚至会对他记忆深刻，所以，乔的生意永远都那么的好。

一张贺卡，对任何人来说都是廉价的，客户在意的肯定也不是那张贺卡，而是乔的心意，是乔发自内心的真诚关怀。而这份令人感动的关怀总是会在客户的记忆中刻下很深很深的痕迹，记忆犹新，哪怕多年之后，再次想起，也会带着淡淡的感动，如是，客户又怎么可能将这样的一个人遗忘？

白度是一家保健品公司的推销员，有一天，他去某个高档小区推销，看到小区花园的一张长椅上，坐着一个年轻的女孩。女孩的肚子凸起，显然是有了身孕。白度走到女孩身边，没有提任何保健品的事情，而是微笑着提醒她孕妇不能在冰凉的长椅上久坐，不然很可能会着凉，对肚子里的宝宝不好。

女孩闻言一惊，向白度道谢之后，急匆匆地就跑回家了。

白度偷偷跟在后面，记住了女孩家的位置，然后上网查了许多育婴知识和孕妇保健常识，用心记住。

三天后，白度登门拜访了女孩。女孩果然还记得他，对他的出现表现得很友好，两个人聊了很久，聊了许多育婴方面的话题，白度将自己查到的知识都分享给了女孩。女孩对白度很感激，所以，当白度很巧妙地将话题转移到自己要推销的保健品上时，女孩很爽快地就答应购买。

人与人的交往，实际上便是情感与情感的交流，爱与爱的互动。女孩感受到了白度的善意、关心与爱，所以记住了他。就是这么简单！

我们呢？如果不想被轻易遗忘，如果不想成为客户眼中可有可无、记不住的路人，就去爱吧！

用爱将自己烙印在客户的记忆中，用爱将自己与客户紧紧联结，客户就不会将你忘记。

当客户记住你之后，成功也将是一件水到渠成的事情，不是吗？

王二是一个乞丐，有一天，在乞讨的时候，他遇到了同样在乞讨的李大，于是两个人结伴一起乞讨。这天，王二运气好，讨到了两个白馒头，李大运气不好，什么都没有讨到，王二拿着馒头，心想：要是我没讨到馒头，没饭吃，肯定很难受。于是，他将其中一个馒头给了李大。第二天，李大捡到了一袋金子，他想：要是昨天王二没有给我馒头，我早饿死了，不可能捡到金子。于是，李大将金子分了一半给王二，两人靠这些金子发家致富，再也不用乞讨了。

3 将心比心，好处与人分享

人类，是一种群居生物，人类社会就是一个庞大而精密的机器，社会中的每一个人都是机器上的零件，零件和零件的规格、型号、大小、作用都不尽相同，人与人的地位、性格、身份、职业也天差地别，但任何一个零件都不可能脱离机器而单独地运转，任何一个人也不可能脱离社会而单独存在。零件与零件之间的磨合度越高，机器的运转就会越顺畅；人与人之间的关系越融洽，社会也就越和谐。

这些大道理，其实我们每个人都清楚，然而，趋利却是人的天性，吃力不讨好的事情谁愿意干？没有任何报酬的工作谁干？

一个人一生中，会与很多人接触，一旦接触，双方就难免会产生利益联系。这些利益，并不一定是金钱，比如你向别人打个招呼，别人从你的招呼中得到了一份被认同的愉快；可是如果你打招呼的那个人没有回应你，没有和你打招呼，因被招呼而产生的愉快你没有得到。如此一来，你亏了，下次，你还会去和那个人打招呼吗？铁定不会！

快乐是相互的，利益是相互的，真诚是相互的，爱也是相互的。

现实生活中，一些人表现得特别自我，特别“独”，有了“肉汤”，自己连肉带汤全部都喝掉，连一丁点儿的肉末都不给别人留下，这样的人，换了你，你会喜欢吗？你有了“肉汤”的时候，会和他一起分享吗？

老人们常说：“做人不能不翻个儿。”当你指责别人、抱怨别人的时候，当你幸灾乐祸的时候，当你感到愤懑和委屈的时候，问问自己，你有没有站在别人的角度去想想？如果没有，你凭什么去抱怨？

很多推销员，在向客户推销的时候，想的都是把东西卖出去之后自己能得到多少提成，增长多少业绩，获得多少称赞，却从来都没有想过，客户能够从产品中得到什么。

如果一个产品不能给客户带来好处和利益，客户为什么要去买，难道客户是十世修行的大善人，专门浪费金钱来为推销员买业绩吗？

真正优秀的推销员都懂得一个道理，你带给客户的利益越多，你得到的就会越多。只有真正设身处地地站在客户的角度，为顾客考虑，为顾客买东西，交易才能最后成功！

销售大师博恩·崔西转行做销售之后，卖过很多东西，推销过很多产品，但无论他推销什么，他考虑的角度从来都不是一个推销员的角度，而是客户的角度。他在介绍产品的时候，会这样说：“这款产品能够给您带来许多好处，比如……”他在帮客户分析的时候，会说：“如果我是您，我会……”在那之前，他会先将客户的详细资料放在客户的面前。

现在，有很多销售员，口口声声地对客户说：“我会为您考虑，我会……”“如果您能提供更多的个人资料，我会给出更合理的建议”，可是最后呢？推销员给出的建议根本就一文不值，与客户的实际情况毫无关联，甚至有些条款损害了客户的利益。如是，客户为什么还要信任你？将心比心，如果你遇到了这样的销售员，你会愉快吗？

一个不懂得换位思考的推销员，永远都是不合格的。因为深藏在他体内的合作因子永远都不会被激活，需要合作共赢才能激发的潜能会在他的身体中继续沉睡。

东溟房地产公司新招了一批售楼员，董茵只是其中很普通的一个。这天，董茵接待了想要购房的李梅夫妇。李梅夫妇经济条件还算不错，丈夫是国企高管，李梅自己经营着一家小小的蛋糕房，生活很宽裕。

董茵领着他们看了十几套房子，夫妻两个都没有拿定主意，董茵通过了解他们的实际情况，为他们推荐了一套房子。这套房子采光好，户型也好，现在价格不是很贵，但位处正在兴建的高新产业园旁边，升值空间很大。李梅夫妇买下后，即便马上转手，都能小赚一笔。

听了董茵的建议后，李梅夫妇买下了那套房子，三个月后因为丈夫的工作原因转手，净赚八十万元。夫妇二人对董茵充满了感激，后续又买了七套房子，全部都是董茵经手的。董茵因此得到了一笔高额的提成和奖金，很快也成了公司的小富婆。

试想一下，如果董茵没有为客户创造利益，客户会那么信任她吗？

不给客户吃肉，推销员哪里来的汤喝？损人不利己的事情没有人愿做，损己利人的事情更没有人愿做，在现代社会，将心比心，合作双赢，利益均沾，利人利己，才是真正的王道！

辉煌大酒店是E市最高档的大酒店，金碧辉煌，出入的都是社会名流。这天，一个衣着朴素、头发花白的中年人来到酒店，还没进门，就被门童拦住了。门童斜睨着中年人，傲慢地提醒说：“先生，衣冠不整者不能入内。”中年看看自己的衣着，似是感觉没有什么不整的地方，刚要说话，一个穿着大裤衩、脖子上挂着金链子的男人一摇一晃地从酒店里走了出来，中年人看见怒极反笑，质问门童是怎么回事，门童撇撇嘴：“人家有钱，你有吗？瞧你那穷酸样？”话未说完，就看到大裤衩一脸谄笑地对着中年人鞠了一躬：“董事长好！”门童立即傻眼。

4 摘掉有色眼镜，一视同仁

上帝创造人类的时候，人类是平等的，但不知道从什么时候起，一种叫阶级的东西悄然出现，一副名叫“有色眼镜”的眼镜也无声地进入了人们的生活。人类被人为地分成了三六九等，患上“势利眼”这种眼疾的人也越来越多。

饭店出现了贵宾包间，俱乐部出现了金卡会员，机场出现了贵宾通道，银行出现了贵宾窗口，玩QQ出现了粉钻、黄钻，发个邮件都有了付费特权。所有的商家都在叫嚣着“客户就是上帝”“所有的客户都是平等的”，但平等在哪里？难道就在VIP包间里吗？

诚然，商人都以追求利益为最高准则，没有哪一个企业不是以盈利为目的的，不同的客户给企业带来的利益不同，得到的“待遇”不同似乎也无可厚非。

买1件衣服不打折，买10件衣服九五折，买100件衣服六五折，买1000件衣服四五折，如果只是这样，没有人能说商家不对，毕竟买的多，得到的优惠多，这很正常，没有哪个客户会因此而挑剔。但如果因为客户仅买一件衣服，就对客户不冷不热、爱答不理、冷漠轻视，那么很显然，就是商家或推销员的错误了！

难道买1件衣服的就应该被贴上“穷人”的标签，受到歧视和轻蔑？买100件、1000件衣服的就高人一等、该逢迎奉承？

平等地对待每一个客户，是一个卖家对“衣食父母”、对买家应有的尊重，也是对客户人格的最基本尊重！

假如一个推销员已经戴上“有色眼镜”来看客户，那么客户同样用“有色眼镜”看他，对他区别对待，或者直接将他抛弃，投到其他销售者的怀抱，就不是什么奇怪的事情了。

你做得“初一”，客户自然做得“十五”，不是吗？

日常生活中，常常有一些商家“店大欺客”，自恃资本雄厚，看不起顾客，也有一些推销员以貌取人，看不得“寒酸”的客人，在他们的眼中“寒酸”的客人是没有“利用价值”的，“狗眼看人低”自然也就很正常了。

然而，没有一个客人是没有价值的，客人有没有价值也不是一个销售员能够界定的，这一点，我们必须清楚。

不是所有的富人都会穿金戴银，不是所有的权贵都喜欢前呼后拥，即便客人真的很普通，很平凡，但既然是客人，那就是我们的上帝。我们能够歧视上帝吗？

先锋标准水泥公司，在H市算得上是小有名气，公司的待遇很好，水泥销量也不错，当地很多年轻人就业的时候都会优先选择水泥公司，小漓也不例外。大学毕业后，小漓回到家乡，到水泥公司应聘，成为了公司的一名销售。

这一天午后，小漓正和相熟的同事聊天，一个风尘仆仆、穿着黑色破旧夹克衫的男人出现在销售部门外。男人看了看销售部里的人，礼貌地问了一句：“请问，贵公司的水泥单价是多少，我想要买一些。”

因为是午后，大部分的销售员还没上班，办公室里只有小漓和他的同事两个人。听到男人问话，小漓抬起眼，打量了他一眼，很快就失去了兴趣，暗忖：“又是一个穷鬼！”

“请问……”男人眼中闪过一丝不快，但还是决定重新再问一遍。可他的话还没有说完，小漓便盛气凌人地打断了他：“问什么问？你这穷鬼！我们公司的水泥只卖给大公司，不卖个体户！”

“你……”男人显然被小漓的话气得不轻，一时间不知道该说什么。一分钟后，男人拂袖而去。看着他的背影，小漓嗤笑：“土包子，装什么大头蒜，你能吃了我不成？”

这件事似乎只是一个插曲，小漓根本没有放在心上，可是当天下午，小漓就被总经理叫到办公室，臭骂一顿后辞退了。小漓不明所以，后来同事才告诉她，中午被她气走的那个客户是公司极力争取的一家房地产集团的老总。为了和该集团合作，水泥公司公关了三年，可是……一切都被小漓毁了。

势利眼、嫌贫爱富、带着有色眼镜看人，这在生活中并不罕见，人们对这种行为鄙夷的同时却也习以为常。包括许多推销员，也是如此。但这样的心态，这样的态度真的可以吗？

亚圣孟子曾经说过：“民为重、社稷次之、君为轻。”唐太宗李世民也曾说过：“水能载舟亦能覆舟。”销售自然不是治国，推销员也不是君，但道理却是相通的，既然推销员看不上“穷酸”的客户，客户就不能“覆舟”吗？

“尊贵”的推销员们，想想吧，当你把所有“穷酸”的客户都赶走之后，你还能剩下什么？

摘掉有色眼镜，对客户一视同仁，这不仅仅是说说，也不应该是口头保证，如果一个推销员的心先有了色彩，那么他的世界便永远都不可能纯白。一个推销员先有了好恶，那么他对待客户永远都不会平等，而平等、尊重又恰恰是客户最在乎的东西。

天生万物，没有谁比谁高贵，也没有谁比谁低贱，我们也不过是芸芸众生之中平平凡凡的那一个，根本就没有资本、也不应该去给别人“上色”，不是吗？

一个小男孩在路边捡到一只受伤的小鸟，小鸟很可爱，男孩想要收养它，就把它带回了家。可是，走到家门口，男孩才想起来，妈妈不允许自己在家里养小动物，他迟疑了，看看小鸟，又看看房门。最后，他将小鸟放在了门口，自己进屋去请求妈妈收留这只小鸟。十分钟后，男孩说服了妈妈，兴冲冲地出来找小鸟，可是小鸟已经没有了，男孩看到的只有一地鸟毛和一只舔着嘴角的大黑猫。那一刻，男孩明白了：做任何事都要果断，不要迟疑。从那之后，男孩再没有迟疑过，长大后，他也凭着这份果敢，缔造了自己的神话。他就是王安电脑公司创始人——王安。

5 你要比别人更果断

每个人一生都要面对无数的抉择，做出无数的判断：小到今天中午吃什么、周末几点去和朋友聚会、校庆的时候穿哪件衣服、父亲生日的时候要送什么礼物，大到报考哪一所大学、毕业之后选择到哪里工作、做什么工作、生命的另一半托付给谁，林林总总，大事小情，总要我们给出一个答案。

但，给出一个答案，又是如此的艰难。我们总在思考，我们总在犹豫，我们最爱说的一句话是“等等，让我再考虑考虑”。好吧，我们考虑了，考虑来，考虑去，越考虑似乎越难以抉择，越考虑越觉得应该继续考虑下去，然而，我们却不知道，答题的时间有限，我们没有那么多的时间去考虑。或许，在我们考虑的时候，成功与机遇就已经与我们擦肩而过，幸福与快乐就已经从我们身边溜走。

马里是一位年轻的印度哲学家，在哲学研究方面有着很深的造诣，他的才华让许多哲学大师都自叹弗如。此外，马里身材挺拔、面貌英俊、气质出众，是典型的钻石王老五，所以，很多姑娘都对他心存爱慕，而马里也对其中一位叫玛莎的知性女孩一见倾心。

这一天，玛莎约马里在河边见面，对他说："马里，娶我吧，如果你不选择我做你生命中的另一半，有一天你一定会后悔的。"马里看着玛莎，沉吟了一会儿，然后摇摇头，说："我不能确定自己要不要娶你，请让我考虑考虑。"

玛莎没有再说话，伤心地离开了。马里回到自己的家，就一直在思考"要不要和玛莎结婚，和玛莎结婚之后自己的生活会有什么样的改变，这样的改变对自己来说是弊大于利还是利大于弊？"

想啊，想啊，想啊，整整想了十年的时间，马里终于想清楚了：结婚利大于弊，他爱玛莎，他想要和玛莎结婚，让玛莎做自己的新娘。于是，马里兴冲冲地来到玛莎家里找她。

可是，玛莎并不在家里，玛莎的父亲接待了马里，他愤怒地告诉马里："我的女儿等待了你五年，你没有给她答案。五年前，她出嫁了，嫁给了商人洛格，现在，她已经是两个孩子的妈妈了！"

离开玛莎的家后，马里大哭了一场，他后悔了，后悔自己的犹豫不决，只可惜这个世界上从来都没有后悔药！

很多时候，很多事情，错过了就是永远地错过了，失去了就是永远地失去了，时间不会为任何人停下脚步，成功也不会为任何人选择驻足，当你迟疑的时候，当你犹豫的时候，就要做好失去与错过的准备。

所以，如果不想后悔、不想失去、不想错过，就比别人更果断一点儿吧。其实许许多多成功的人并不是天生就带着成功的标签，他们之所以能够成功，正是因为他们比别人多了几分果敢，少了几分迟疑。

像王安，王安电脑起步的时候，资金只有可怜的600美金，若不是王安足够果断，足够坚决，恐怕王安电脑就不会出现，也便不会演绎出以后的传奇。

比尔·盖茨成立微软公司的时候，正是他一生中风华正茂的时候，哈佛大学学子的耀眼光环笼罩着他，不出意外，只要他顺利毕业，前途就会一片锦绣。然而，比尔却果断地选择了放弃学业，自主创业。这是何等的"愚蠢"！许多人不能理解他的想法，许多人认为他疯了，但现在想想，如果没有比尔当初辍学的果断，恐怕也就没有微软后来的辉煌了。

果断，不是莽撞，而是一种深思熟虑之后当断则断的魄力；这种基于理想与渴望的魄力深深地影响着人的行为，激发着人的潜能。无论是谁，只要选择了这种魄力，拥有了这份魄力，都能坐拥精彩的人生，享受成功的拥抱。推销员也一样。

有很多时候，推销员之所以不能让客户成功签单，正是因为缺少了一丝果断！

肖琴是北京一家宽带公司天通苑网点的销售店长，主要负责公司在天通苑一带的宽带业务。有一次，住在天通苑东一区的客户王女士由于工作原因，把家搬到了苹果园，想要申请办理移机业务，找到肖琴，肖琴犹豫了。

虽然同属一家公司，但天通苑网点和苹果园网点之间业务却并不交叉，若是肖琴给王女士办理移机，业绩可能根本就算不到肖琴头上，苹果园那边还不一定买账。肖琴很迟疑，不知道这事该不该办，于是她采用了“拖字诀”，迟迟没有给客户一个明确的答复。王女士几次打电话，都被肖琴搪塞了过去。王女士急了，找其他宽带公司办理了新的入网业务，并打电话给总公司投诉了肖琴，肖琴因为自己的犹豫，不仅失去了客户，还受到了批评，懊恼不已。

其实，若是肖琴果断一点儿，主动和苹果园网点进行协调，给王女士一个满意的答复，事情完全可以圆满解决。即便是她不主动协调，而是果断拒绝王女士，请王女士去苹果园网点办理移机，这个客户她也不会失去。然而，这个世界上没有如果，肖琴犹豫了，她也为自己的犹豫付出了代价。

遇事谨慎，这个没有错，但面对关口，面对抉择，当断则断却是必需的。不是所有时候所有人都会原谅我们的犹豫和拖延，迟疑不决的销售也最容易引起客户的不满与不信任。所以，放下你的谨小慎微吧，果断一点，有魄力一点，这不是坏事。

多多微格是蛮多拉森林里最伟大的鹰王，它有雄健的翅膀、锐利的眼眸，能够搏击蓝天、俯瞰大地，动物们都很敬畏它，它也为自己的伟大感到由衷的骄傲。这一年，多多微格的妻子怀孕了，多多微格准备为即将出生的孩子筑一个新巢，它把新巢的位置选定在一棵参天的橡树枝头。鼹鼠听说后，来提醒它："鹰王阁下，这棵橡树的根已经腐烂了九成九，随时都可能倒掉，请不要在上面筑巢。"骄傲的鹰王看不起卑微的鼹鼠，它没有听从鼹鼠的忠告，在橡树上筑了新巢。不久，它的孩子出生了，它很高兴。可是一天它猎食回来，却只看到了倾倒的橡树。多多微格失去了它的妻子和孩子。这时候，它才明白，自己错了。

6 谦逊一点，没什么坏处

相比于鹰王的伟大，鼹鼠的确普通而平凡，它没有翅膀，不能傲视苍穹、搏击蓝天，但鼹鼠却生活在树底下，树根的情况如何，它最清楚。哪怕鹰王有着锐利的眸子，也无法看穿地底，但，鹰王因为骄傲自满，轻视了鼹鼠的忠告，所以，多多微格承受了自己根本无法承受的惨痛代价。

现实生活中，"鹰王"有不少，"鼹鼠"也有很多，人生总是充满了竞争，有竞争就会有优劣，有竞争就会有出色和普通，人为的能力界定在所难免，但竞争中的优胜者并不是十项全能，竞争胜了，也只能说明，胜利者在某一方面的确比别人更具优势，仅此而已。

尺有所短，寸有所长，每个人自出生的那一刻起就是独一无二的，就有着别人难以企及的优势和天赋，只是，有的时候，这种天赋并没有被挖掘出来。

企业家的长处是管理和创造财富；建筑师的长处是构架和设计房屋；歌唱家的长处是歌唱与抒情；演讲家的长处是演讲和煽情。如果你让一个企业家去唱歌，他能做到很好吗？也许他本就五音不全。如果你让一个建筑师去插秧，他能强得过农民吗？也许，他根本就不知道该怎样去摆弄秧苗。

“谦虚使人进步，骄傲使人落后”，这一古训，我们很多人都听说过，小时候，课堂上，老师总是忘不了谆谆地叮嘱这么一句，只可惜，长大了，我们不经意间却已经将之忘怀。成功、赞美、权力、地位、金钱，许许多多的东西将我们人生的“杯子”填满了，满得再也装不下任何新的东西，比如新的智慧，新的激情，新的真理……

苏格拉底说：“我唯一知道的就是自己的无知。”

牛顿说：“我只是一个在海滨玩耍的小孩子，有时很高兴地拾着一颗光滑美丽的石子儿，真理的大海还是没有发现。”

这世间，有几人比苏格拉底更加的博学，又有几人比牛顿更加的伟大呢？

谦虚是一种美德，谦虚的人总是能收获别人的好感，谦虚是一种主动的“空杯”，谦虚能让人的潜能得到更好的激发。

真正优秀与成功的人，都是谦虚的人，比尔·盖茨、沃伦·巴菲特、洛克菲勒、唐太宗、马云、马化腾等，古今中外，莫不如此。

刘备为了请出诸葛亮，可以亲下南阳，三顾茅庐；比尔·盖茨为了请出一位软件高手，可以忍受对方的讥讽，而坦陈自己的“无能”：“正因为我们做不到，才请你加盟。”

一个人纵便如何的才华横溢，如何的天赋异禀，也不可能在短短的一生中掌握这世间所有的知识与技能，既然如此，又凭什么去骄傲，凭什么去俯瞰他人？

很多时候，推销员在向客户推销的时候，都将自己摆在了“专业”的位置上，自忖自己比客户懂得多，比客户要“专业”得多，“不专业”的客户要做的就是听自己这个“专业人士”来讲解。

但，这样真的可以吗？或许，客户对产品的了解的确不如销售员，毕竟，客户不是销售员，但，那有什么可值得骄傲的吗？

没有谁喜欢和骄傲自负的人在一起，也没有几个人喜欢别人的强势和咄咄逼人，尤其是客户，客户是买东西的，是消费者，客户需要知道的只是产品有什么用、该怎么用、什么价格，至于这件产品是如何制造的，制造过程中又应用了多少了不起的技术和原理，那和客户有多大关系？

真正成功的销售员都明白一个道理，那就是：永远都不要觉得自己比客户优秀，谦逊一点，忘记自己，没什么坏处。

看看那田野中的燕麦吧：青青的、空瘪的燕麦总是高昂着自己骄傲的脑袋，而真正金黄而成熟的燕麦则会选择低垂下头颅。知道得越多就会发现自己越无知，真正有学识有本领的人都明白虚怀若谷的道理，“一瓶子不满，半瓶子晃荡”的家伙才会骄傲地卖弄自己的“无所不知”。

当然，谦虚并不等同于虚伪，谦虚是一种崇高而值得敬佩的美德，谦虚让我们不断地“空杯”，不断地自我扬弃与进步，但谦虚并不是谨小慎微，并不是妄自菲薄，有能力不去表现，那是谦虚吗？不！是虚伪！太谦虚就是虚伪，这话说得其实没什么错误。

谦虚不是全盘地否定自己，谦虚是在相对否定的同时自我进步。

子曰：“三人行必有我师焉。”敏而好学、不耻下问是一种美好的品质，自己不知道的、不了解的，虚心向别人请教这很正常。但是，谦虚也要有个限度，有个分寸，有些场合，有些时候，需要我们去展现自己的能力，我们要做的不是无谓的虚伪，而是真正的当仁不让！

就像是销售，当客户需要你去“征服”的时候，你也无须畏手畏脚。

天上的星星有多少颗？恒河的黄沙有多少粒？谁能数清？

事实上，我们不知道的东西如天上的星星一样多，我们不了解的玄妙也如恒河的黄沙一样多。我们能够数清吗？

在没有数清之前，人还是谦逊一点儿的好，切记，天外有天，人外有人，一山更比一山高！

Chapter 9

潜能不是上天的恩赐，它本就属于我们自己，只是就像人类对空气熟视无睹一样，巨大的潜能也被我们熟视无睹，忘记去使用了。

人的一生中，总有一些人难以忘怀，总有一些事铭记于心，总有那么一刻烙印进灵魂无法抹去。那一刻，你没有获得无穷财富；那一刻，你没有收获鲜花与掌声；那一刻，你没有傲立峰巅；那一刻，你看起来依旧平凡。但只有你自己知道，那一刻，自己变了！因为，你已经向不可能发起了挑战。

1 战胜恐惧，向不可能挑战

你相信一个人可以不用笔、不用计算机、不用任何计算工具的辅助，单纯地凭借自己的大脑就能在一秒钟内开出任何平方吗？

你相信一个人能清晰地记忆几千人的指纹，并将这些指纹和它的主人一一无差别地对应上吗？

你相信一个人能一分钟内打两百多个响指吗？

你相信一个人能用瘦弱的双手托起汽车吗？

你相信一个人能用自己的牙齿拖动重达几吨的东西吗？

相信？还是不相信？

“当然不信，这不可能！”很多人下意识地就会给出这样的答案。

“大概，也许，有可能吧……”一部分人半信半疑。

“我相信！一切皆有可能！”少数人坚定地点头。

好吧，现在，我们宣布答案。这些，都是真的！不是噱头，也不需要什么人去相信或者不信，这都是真的！

一个母亲，为了挽救自己的孩子，单手托起汽车；一个母亲，为了接住高空坠落的孩子，迸发出超越极限的速度。这样的报道虽然不常见，但日常生活中我们还是能看到一些的。

一个奇人，以吞噬钢铁为食，一年能吃几十辆汽车；一个奇人，刀枪不入，无论用什么冷兵器来砍，都不会在他身上留下伤痕。这样的事情，日常生活中我们也听说过。

只是看多了“胸口碎大石”的江湖把戏，看惯了自己的孱弱无力，我们越来越不相信这世间有一种力量叫作不可思议，我们越来越不相信，“超人”居然是存在的！

因为我们做不到，我们身边的人做不到，我们已知的所有人都做不到，我们所学的常识让我们确定不可能有人做到，所以，我们选择了“理智”，选择了不相信，但，人类的身体就像是那浩渺神秘的海洋，本来就充满了无限的未知，本来就充满了玄妙。

常理什么的，是无法对人的潜能做出束缚的，所以，不要说不可能，不要说做不到，如果你说了，只能证明，你的内心充满了恐惧。

恐惧，是的，恐惧！

谁能没有恐惧呢？看到凶猛的老虎，我们会恐惧；看到惊悚的画面，我们会恐惧；遭遇困难和挫折，我们会恐惧；失败了，我们会恐惧；被抛弃了，我们会恐惧；被拒绝了，我们会恐惧；被孤立嘲笑了，我们还是会恐惧，甚至，胆小一些的，一只老鼠都能让他们发出恐惧的尖叫，无论男女。

人这一生中，恐惧的东西太多了，可以说，我们的脚步走到哪里，我们的生命延续到何处，恐惧就跟随到何处。恐惧无处不在，无孔不入，它深深地影响着我们的生活，腐蚀着我们的意志。

我们恐惧成功，恐惧失败，恐惧被掌控，恐惧被抛弃，恐惧一切可以恐惧的，我们在恐惧中相信了自己的孱弱无力，我们在恐惧中扼杀了自己的潜能与想象力，但是，看看上面的“奇迹”吧。事实上，那并不是奇迹，而是真实，之所以能够做到，是因为做到的人心中没有恐惧，他们更多更好地激发了自己的潜能，仅此而已。

遥遥是一个腼腆的女生，因为家庭贫困，她忍痛割舍了自己的大学梦，走进职场，成为了一名饮品公司的销售员。她性格有些内向，脸皮薄，见了陌生人都不知道该怎么说话。很显然，她不可能干好销售这一行，包括她自己在内的所有人都这样认为。可是，她又必须要干下去，这年头，凭着她的学历，能找到这样一个工作已经很不容易了。

要么战胜不可能，干好销售；要么失业，等着被饿死。这就是遥遥仅有的两个选择。

没有办法，为了生计，遥遥选择了第一条路。她开始每天都对着镜子说话，把镜子想象成一个又一个客户，想象自己可能遇到的情况，然后学着去“应对”。可是，想象代替不了现实，当她鼓足勇气来到客户家门口的时候，她发现，自己根本就不敢去敲门。她的心里有一个声音在疯狂地叫嚣：“不可能，你做不到！像你这么胆小的人不可能干好销售！”

举着手，她始终不敢去敲响那扇门，可是，她也不想走，她知道如果自己走了，就证明自己真的认输了。她抿着唇，倔强地站在那里，许久之后，她终于敲响了那扇门。

开门的是一个看上去相当雍容的妇人。看着她，遥遥大脑一片空白，当时就傻了，讷讷地说不出话来。

妇人温和地笑了笑，请遥遥进屋，询问她的来意，在妇人的微笑下，遥遥终于平复了紧张的情绪，说明了自己的来意，并开始介绍产品，不知不觉，竟介绍了一个小时。当妇人开口说“你的口才很好，女孩，你是一个优秀的推销员，东西我买了”这句话的时候，遥遥自己都惊呆了。

“那一次之后，我告诉自己，这个世界上没有什么不可能，不敲开那扇门，你永远都不知道门后等着你的是什么。不试着去做，你永远都不知道自己能行。”当多年之后，已经成为全省销售冠军的遥遥被问及自己的成功秘诀时，她这样说。

事实上，的确如此。这个世界上没有什么是不可能的，没有什么是做不到的，没有什么恐惧是不可战胜的，没有什么困境是不能走出的，之所以“不可能”这个词被我们常常挂在嘴边，只是因为恐惧占据了我们的心。

要知道，恐惧是成功最大的天敌，一颗恐惧的心是无法包容成功的，一个恐惧而畏怯的人也是无法在大浪淘沙之后被留下的。

“我们所急需的人才，不是那些有多么高贵的血统或者多么高学历的人，而是那些有着钢铁般的坚定意志，勇于向工作中的‘不可能’挑战的人。”卡内基钢铁公司掌门人、美国钢铁业巨擘安德鲁·卡内基曾经这样说过。

没有哪一个领导会喜欢恐惧的员工，也没有哪一家单位愿意养一个“胆小”的闲人。

太行、王屋二山，方八百里，高万仞，但“渺小”的愚公征服了它，不是吗？

永远都不要忘记，我们还有一件与生俱来的“撒手锏”——潜能！

只要我们敢，没有什么是不可能的！记住这句话！

给你一张纸，你可以轻易地撕开它；给你一个玻璃杯，你可以很轻易地摔碎它；给你一根头发，你可以很轻易地拽断它；给你一根木头，你也可以用斧子劈开它。但是，给你一块木板，你能单单只用手掌就劈开它吗？

2 体能上的挑战：劈木板

“能！”这是深藏不露的绝世高手说的，或许，他现在就藏身在少林寺，或者，藏身在我们身边。

“不能！”这是普通人说的。

高手都是大熊猫，稀少得屈指可数，在现代社会，最多的还是普通人，我们也都是普通人，我们不会铁头功，我们也不是大力金刚，既然如此，徒手劈不开木板自然是理所当然的事情。但，请记住，对，记住，你错了！

普通人也是能够徒手劈木板的！如果你劈不开，只能说，你的潜能还没有被激发，你身体里的雄狮还没有苏醒！

潜能是什么？顾名思义，就是潜在的能量。这种能量始终都存在，但它却不是显性的，而是隐性的，就像是蛰伏中的猎豹、冬眠中的雄狮，需要去唤醒，需要去激活。

八岁那年，鲍尔得了小儿麻痹症，失去了行走的能力，他本以为这一生都要在轮椅之上度过。可是，有一天，他在回家的路上遇到了一个劫匪，劫匪用刀子指着他，要他把所有的钱都交出来，鲍尔掏出了口袋中仅剩的五美元。劫匪恼怒极了，认为鲍尔是在戏耍他，举起刀就朝鲍尔砍去。在这千钧一发的时刻，强烈的求生欲望让鲍尔站了起来，他朝着远处拼命地跑，拼命地跑，跑了好一会儿，确认劫匪没有追过来，这才停下脚步。而停下的那一刻，他愣住了：自己居然站了起来，居然再次能跑了？！这实在是太不可思议了！

其实，这没有什么不可思议，这本身就是鲍尔自己的力量，是鲍尔拯救了自己，他成功地激发了自己的潜能，如是而已！

日常生活中，其实我们也常常遇到这样的状况：死亡临近时，突然小宇宙爆发，不可思议地完成了“不可能”完成的任务；身处绝境的时候，突然急中生智，冒出各种各样神奇的点子，让自己脱离险境；遭遇危险的时候，突然变得力大无穷、奔跑如风，在不可能的情况下生生为自己辟出了一线生机。

这就是潜能的力量，这就是潜能的神奇！

潜能不是上天的恩赐，它本就属于我们自己，只是就像人类对空气熟视无睹一样，巨大的潜能也被我们熟视无睹，忘记去使用了。

近年来，随着人类研究的进步，早已被人们忽视的潜能再次进入人们的视线，潜能开发也成了时下比较热门的话题，而我们前面所说的劈木板，正是潜能开发的一种方法。

在一块一尺见方、厚度约摸五公分的木板上写下自己生活中、工作中最恐惧、最烦恼、最纠结、觉得最难办到的事情，然后一掌将木板劈碎。这就是“劈木板”。

劈木板的目的自然不是单纯闲得无聊想去培养“大力士”，而是想要向劈木板的人传达一个信息：一切的困难和恐惧都是可以战胜，可以劈开的，只要我们相信自己！

对，相信自己！自信是激发潜能的“神药”！只要我们相信自己，“不可能”完成的任务、“不可能”办到的事情也同样可以像木板一样被粉碎、被征服、被劈开！

古今中外，所有成功的人，所有书写过自己辉煌的人都是自信的！汉武帝、张衡、诸葛亮、牛顿、拿破仑等，无一不是如此！

黄丹和瞿锂都是大都会花卉销售公司的销售员，两人的业绩都相当出色，二月中旬，公司决定要提拔一位销售总监，候选人就是黄丹和瞿锂，两人同样优秀，公司高层一时难以决断，便给两人出了个“题目”：谁能在2月15日那一天卖出1000枝玫瑰，总监就选谁。

2月15日，情人节刚过，该买花的都买了，市场正是疲软的时候，怎么可能一天卖出1000枝玫瑰？公司高层给出的这个“题目”，根本就不可能完成，无解！黄丹正是这么想的，她不认为自己能够做到，心里就有些泄气了。相反地，瞿锂虽然知道“题目”很难，但他却相信这个世界上没有什么“题目”是无解的，所谓无解，不过是答案还没有被找到，他相信自己一定能够找到那个答案。

第二天，黄丹一大早就出门去卖玫瑰花，瞿锂却睡了个懒觉，良好的睡眠质量让他的思维十分清晰。他淡定地吃早餐，似乎已经将卖玫瑰花这件事给忘记了，但他的大脑却在高速运转。

“一定能找到办法！一定能！”瞿锂不断地在心里对自己说，将近中午的时候，他的脑中灵光一闪，有了主意——将花卖给归来的旅客！

要知道，情人节的时候并不是所有的情侣都在一起，很多因为出差、公干、异地相隔、来不及等原因而没能在一起过情人节的人肯定也大有人在，而这些人回来之后，最想做的，无疑便是给自己的情人送上一朵迟到的玫瑰。

瞿锂查了所有今天从外地开到本市的列车、飞机和公车。然后，根据先后顺序和远近距离排序，一个一个地跑，每到一处他都会竖起一个牌子：你还欠我一朵情人节玫瑰。

不出所料，买花的人很多，瞿锂获得了大丰收，那一天，他卖出了1568枝玫瑰。于是，他顺理成章地成为了公司新的销售总监。

瞿锂的成功是偶然吗？不是，是必然！面对困难，面对挑战，面对“不可能”，他选择了相信自己，所以，他找到了方法，劈开了横亘在自己面前的“木板”，取得了成功。

事实上，每个人的心灵中都有一块“障碍木板”，每个人大脑中都有一块“恐惧木板”，每个人的生活中也都有无数块“困难木板”。如果在木板面前，我们选择了退却，那么，我们永远都看不到木板之后的灿烂。

所以，劈掉你的“木板”吧，无论是心理的，还是身体里的，劈掉了它，劈碎了它，你会发现，原来自己竟是如此的伟大！

一个穿着白大褂的男人一脸高深莫测地站在椅子前，手里不停地晃动着怀表上的金链，对坐在椅子上迷茫的年轻人轻声说：“孩子，睡吧，睡吧。”年轻人看着怀表，眼中的迷茫渐渐加深，睁开的眼帘缓缓地下垂，终于，无意识地睡着了——提到催眠，很多人的脑海中都会条件反射式地出现这样一幅画面。看上去很神奇，甚至透着诡异，但事实上，催眠并不神秘，催眠只是一把钥匙，被它打开的大门里藏着的潜能才是真正神秘的。

3 意识上的挑战：催眠——潜意识不可思议

你有没有这样的经历：在看一场电影，比如说《疯狂原始人》的时候，不知不觉就会被“带入”电影中的场景，好像自己也回到了电影中主角所处的那个时代，身处主角所在的场景，随着电影情节的不断变化而或悲或喜，不经意间就忽略了窗外嘈杂的鸟鸣、忽略了手中拿着的爆米花、忽略了身边的伙伴，直到爆米花被抢走、伙伴凑到你的耳边大声吼一句、或者使劲推你一下，你才会回神儿，回神儿之后，还有一种时空错位的感觉，恍如隔世。

事实上，这种仿佛身临其境，代入感十分强烈的情况，便是一种轻微的、另类的，类似于传统催眠的状态。

是的，不要怀疑，你没有看错，就是催眠！

催眠，是一种通过外在环境及其他手段来影响人类潜意识的行为。这种行为不单单可能发生在安静的催眠室里，还可能发生在任何地方、任何人身上。催眠不是什么魔术，也不是什么邪恶的意志操控，它只是一种状态，一种潜意识被影响的状态而已。

百米外一棵杨树上趴着的蚂蚁，我们是看不见的，但是只要我们走到杨树跟前，拿着放大镜就能够很清晰地看到。催眠的道理也是一样的。催眠只不过是催眠师适当地调整了距离，使用了“放大镜”，让我们看到了潜意识里的“蚂蚁”而已。

20世纪30年代末，国外一个著名的心理实验室做了这样一个实验：对一组人进行催眠，让他们去摸一下笼子里的响尾蛇。

自我保护是人的天性，即便是被催眠了也不例外，被催眠的人没有行动。

于是，催眠师告诉催眠者，笼子里其实不都是响尾蛇，有几条是假的，是橡皮水管。笼子里当然全是蛇，但催眠者接受了来自催眠师的暗示，将响尾蛇当作了橡皮水管，所以，他们伸手摸了。当然，蛇笼外装有安全玻璃，人是不会被蛇伤到的。

同样的实验，同时也在一组没有被催眠的人群中进行着。

实验证明，在被催眠的状态下，绝大多数人都会“无视”响尾蛇的危险，去摸“橡皮水管”，但在清醒的状态下，几乎所有的人都不敢去触摸响尾蛇。

因为是清醒的，所以，人们会对响尾蛇产生恐惧，这种恐惧强烈得难以抑制。相反地，因为被催眠了，因为得到了“橡皮水管”的暗示，被催眠的人克制了对响尾蛇的恐惧，甚至压根就没有恐惧，所以，他们摸了。

事情就是如此的简单！

从人类出生的那一刻起，大脑中就存在着两个中枢，一个是我们的显意识，或者称之为意志，另一个则是我们的潜意识。很多人认为控制我们行为的是显意识，但很明显，他们错了。潜意识才是大脑和身体的实际掌控者。显意识和潜意识之间的“战争”，胜利者往往都是潜意识。

当人处于潜意识的状态下，只要稍稍进行一下引导，让他觉得恐惧是“无害”的，他就能很容易克服恐惧，迸发出无限的潜能。小的时候，如果爸爸妈妈告诉我们：“你不能说谎，说谎是不对的”，我们很少能听进去。但是如果爸爸妈妈讲了匹诺曹的故事，再告诉我们这些道理，我们会很容易听进去。

讲故事，也是生活中的一种“催眠”，它的效果如何，我们都体会过。

日常生活与工作中，遇到困难、遭遇问题，是很正常的事情，而因为这些正常的事情我们产生了恐惧的情绪，就像是我们在清醒状态下不敢去摸安全玻璃后面的响尾蛇一样，完全是自己吓自己，没有必要。

所以，面对人生中无数的“响尾蛇”，我们不妨“催眠”一下自己，告诉自己，恐惧并不可怕，响尾蛇并不可怕，只要我们伸出手，就能战胜它！

显意识的阵地如果已经被恐惧占据，那么我们可以从潜意识中反击，并最后反败为胜，就是如此！

乔·吉拉德是世界上最伟大的推销大师，他创造的吉尼斯世界汽车销售纪录至今都无法打破。许多人将他视为神话，而他缔造“神话”的时候，便采用过一种经典手法，叫作“假定已经成交”。在他向客户介绍汽车的时候，从来不会说“你要是买就怎么怎么样”，而是一直在说“你买了之后如何如何”。这样，客户就会在不知不觉之间被代入“我已经买了这辆车”的“催眠状态”，在购买汽车过程中可能产生的种种疑虑或纠结就会消失，自然而然地就拿起笔签单了。

而对一个推销员来说，时不时地来一场自我催眠也是战胜恐惧的不二良方。“催眠”了自己，推销员就会自发地为自己勾勒出一些美好的东西。

潜意识是不辨真假的，我们给它什么，它都会全盘接受。当接收到“好”的信息时，它自然就会回馈“积极”的波动，让我们产生激情，产生强大的自信，从而，迸发潜能，走向成功。

自信增强了，感觉到成交已经是“百分之百”了，“响尾蛇”可以摸了，那么，销售自然也就迈向成功了。

当然了，催眠也不是万试万灵的，一些意志特别强的人很难被催眠，但意志如此强的人，战胜恐惧应该是很简单的事情，不是吗？所以，对于治疗恐惧，催眠还是有着绝对优势的！

猫害怕老鼠，这是天性，人类对某些事物、某件事情、某种思想产生恐惧也无可厚非。恐惧无可避免，但恐惧却可以战胜！

催眠自己，激发自己的潜能，让潜意识里的无畏战胜恐惧，这是一个不错的方法。

还在为恐惧而苦恼，为失败而颓丧的你，不妨试试！

赤裸着双脚，从铺满木炭、温度高达600摄氏度、长十米左右的火道上跑过，你敢吗？或许你不敢，但很多人敢！甚至，不知不觉间，一股“走火”风已经悄然席卷了世界，“走火大会”就像古代的武林大会一样越来越走俏，“走火”之后，片火不沾身，毫发无伤的“高手”也比比皆是。难道现在“高手”真的如此泛滥了？踏火无伤这样的绝活这么容易炼成？

4 直面恐惧假象：走火

虽然说高手在民间，但高手真的没有那么多，“走火大会”练的不是踏火的绝技，实际上练的就是“胆儿”！

水火无情，这是一句老话，我们很多人都听说过，也目睹或亲身经历过水火的强大威力。看着那些因为烧伤而毁容、而残疾、而丧失生命的人，我们心有余悸，从此对火这个东西长存敬畏。但实际上，火也不是任何时候都会伤人的，只要我们掌握好方法，激发自身的潜能，克服对火的恐惧，“踏火无伤”所有人都能够做到。

用科学一点儿的解释来说，就是人的脚部皮肤在与火焰接触的刹那会自动分泌出一种特殊的水露，这种水露将像一面盾牌一般将火焰与脚隔开了。这个时候，只要人们稍微跑快一些，在“盾牌”消失之前跑过火道，脚就不会受伤。

用玄幻一些的解释来说，只要人们内心克服了对火的恐惧，激发了潜意识里的能量，变得无所畏惧，不断地告诉自己“火不能伤害我，火不能伤害我……”，那么，就会如天神附体一般“水火不侵”了！

当然，玄幻并不代表不真实，潜能的神奇是我们无法想象的。只不过，我们这里所说的，被激发的潜能是克服恐惧方面的，而不是什么真正克水克火的超能力。

日常工作与生活中，我们常常能看到一些失败的人，一些被困难和问题折磨得身心俱疲的人，一些因为失误而被批评、被责难、被炒鱿鱼的人——甚至我们自己就是这样的人——已经被生活中的困境搞得“体无完肤”，我们看多了，经历多了，我们怕了！

是的，怕了！就像是看多了火的无情，看多了毁容丧生的惨剧一样，心里会不由自主地产生恐惧。这种恐惧，会随着时间的流逝而一点点地加深，先是火星，后是火苗，最后发展成燎原大火，将我们烧得连渣子都不剩。

“火”是无情的，恐惧之火更是无情的，这显而易见，根本不用验证。

成功、赞美、事业、渴望、幸福、快乐，等等，一切的一切都在“火”中被焚尽，留下的便只有失败和恐惧。这是多么可怕的一件事情啊！

没有谁想被“焚掉”，所以，为了克服心中的“恐惧之火”，走火大会应运而生。

“走火大会”的创立者，并不是中国人，而是一名美国人，他的名字叫安东尼·罗宾。安东尼·罗宾是潜能激发领域的第一人，他可以通过“神奇”的力量引导人们发掘生命潜能，战胜“不可能”的阴影，走向成功。

中国国内的“走火”第一人是营销大师陈安之。无论是安东尼·罗宾，还是陈安之，以及世界上所有的潜能咨询师，他们在举办“走火大会”的时候，都会告诉参加大会的所有人一个事实：只要你相信自己能走过去，只要你相信火不会伤害你，火就不会伤害你！

恐惧可怕吗？可怕！但当你告诉自己“恐惧不可怕，我可以战胜它，凡事皆有可能，不可能只是我们不敢去做”的时候，恐惧就真的会变成驯顺的绵羊，不再可怕，不再狰狞。因为一切的狰狞，一切的“灾难”，一切的惨痛，都是恐惧为我们制造的假象！

没错，是假象！恐惧的假象，就像是走火一样！

年轻的华人销售大师刘一秒，在谈到自己的成功经历时，说过这样一番话：“你去推销，客户能把你打残打死吗？不能！但你要是不去推销，你就会被活活饿死！”

这些话或许有稍微夸大的成分，但无疑，道理是不虚的。

许多销售员不敢上门去销售，是害怕被客户骂，被客户驱赶，害怕客户指着自己的鼻子大吼：“你给我滚！”然后“砰”的一声把门关上。但，不管客户的态度多么恶劣，你还“活着”不是吗？客户不能把你给掐死。

恐惧也一样，有的时候，我们恐惧的东西其实很无谓，为什么要去恐惧呢？恐惧失败？但失败不过是成功的暂停，这个世界上根本就没有失败！恐惧成功？什么是成功，成功就是这一次你没有失败！恐惧过去？十年怕井绳？那就更无稽了！我们活在现在，我们要的是现金，过去不过是一张失效的空头支票，它有什么好怕的？

客户对你大吼：“你给我滚！”你笑嘻嘻地回他一句：“我就是从别人那里滚到你这里来的。”他能拿你怎么办？

恐惧对你大吼：“你给我过来！”你微笑着跑过火道，对它做个鬼脸，告诉他：“我刚从你那里跑出来，我不过去，就不过去。”恐惧能把你怎么样？

说到底，恐惧就是走火大会中火道上的那十米炭火，貌似很强大，但实际上只要你不想，它根本就不可能伤害到你！

恐惧是一个强大的幻术师，它制造了颓废、痛苦、失败、焦虑等种种假象来迷惑我们的眼睛，误导我们的心。它看上去很厉害，但它的攻击力其实一点儿都不强。只要我们看破它的伪装，看破一切的幻术和假象，就能轻易地将它揍翻在地。

任何时候，我们都要相信，最强大的那个就是自己！“不可能”在我们面前只能落荒而逃，乖乖地变成可能。

做到了这一点，“走”过了心中的“火”，你身体中的雄狮就苏醒了。至于说，雄狮的咆哮有多么的宏亮，那就只有你自己知道了，不是吗？

> 如果你只想每个月赚三千元，那么你最高的成就也就是每月三千元；如果你只想一年赚十万元，那么你最高的成就也就是一年十万元；如果你只想一生赚一栋别墅，那么你最高的成就也就是一生一套别墅。目标决定了你的成就，这句话并不是没有道理的。

5 人生的清单：为自己设定101个目标

小时候，老师常常问我们："长大了，你想干什么？"有的同学说想要当老师，有的同学说想要当科学家，有的同学说想要当老板，有的同学说想要当大官，有的同学说想要当明星……长大了，许多同学的目标实现了，许多同学的目标没有实现。没有实现的可能已经忘却了自己的目标，可能正在为自己的失败而颓丧，实现了的可能正在扬扬得意，又可能已经陷入迷茫。

"成功等于目标，其他的都是这句话的注解。"潜能学大师博恩·崔西如是说。

"唯有不可思议的目标，才能创造出不可思议的结果。"世界著名作家马克·汉森如是说。

我们都知道，目标对一个人来说真的很重要，找到自己真正想要实现的目标就等于找到了人生的方向。那么好吧，问题又来了，我们要订立多少个目标？

有人说：一个！目标是如此的伟大，怎么着也要"物以稀为贵"，一生执着地追求一件东西就够了。

阿姆斯特朗曾经也是这么想的，他的目标也很伟大，他想要成为登月第一人！经过一段堪称艰苦卓绝的努力之后，他成功地在月球上留下了自己的足迹，他登月了，他的人生目标实现了！

这很好，是不是？很有成就感！但是，生活要不要继续？生命要不要继续？人生唯一的一个目标已经实现了，那么以后呢？以后干什么？今后的路该怎么走？

阿姆斯特朗茫然了，登月之后的第五年，这位人类太空探索史上里程碑般的人物患上了严重的忧郁症。

所以说，一个目标太少了！

忘记了是哪位哲人或学者说过："人生有两大悲哀，一种是目标没有实现；一种是目标实现了！"

这句话奇怪吗？不奇怪！目标没有实现，难道不该遗憾？目标实现了，该高兴？不，如果没有新的目标跟在后面来继续"接力"，那么失去了方向的人生依旧是一种悲哀。

一个目标不行？那一千个？一万个？一亿个？不是担心无法"接力"吗？那多找几个"替补"不就好了。可是，人生有限，我们没有恒久的生命，我们的精力有限，我们不能完成太多的事情。一亿个，一万个，一千个目标对我们来说都是一种奢侈！

当然，奢侈归奢侈，倒不是说一定不可能，如果你的目标很小很小，如"今天我要吃饭"，这样的目标在你大约一万天的生命中每天都重复制定一次，那你还真能完成一万个目标，但这样的目标有意义吗？

什么？你问我制定多少个目标合适？好吧，听好，101 个！至少 101 个！

为什么？母亲怀胎十月才能诞下一个孩子，厨师两个小时才能煲好一锅鸡汤，无论是做什么事情，都需要一个准备时间，目标也是需要准备，需要酝酿，需要循序渐进的！

原一平说，我要成为日本销售界的第一人，这个目标很好，但能马上实现吗？如果能，肯定是在做白日梦！原一平花费了多年的时间，付出了常人无法想象的巨大努力，这才实现了自己的"冠军梦"。

好吧，冠军梦实现了，接下来呢？他又有了新的目标，他想要 15 年都蝉联销售冠军的宝座！

于是，他继续努力，就是这样！

数一数，一……二……没有三，这不才两个目标吗？怎么说101个？这样算下去，能有101个吗？

注意，目标可不是这么算的！

举例来说吧，原一平想成为销售冠军，这是一个目标，但很显然，这是一个长期目标，不可能一下子就达成了。要想达成这个长期目标，原一平就必须要将它“肢解”，肢解成一个又一个中期目标、短期目标。

比如，要在一个月内卖出多少份保险，要在一年内卖出多少份保险，要在一个季度内开发多少客户。又比如要在一天内拜访几位客户，要用五个晚上来练成某一种“微笑”，要在一周内背下产品介绍，等等。

拆一下，详细地拆一下，你就会发现，你需要设定的目标至少有101个！

这些目标，就是你人生的清单，迷茫的时候，恐惧的时候，拿出来看看，你的心就会重新变得坚定！

要知道，真正的目标能让人迸发出无限的热忱与激情，有了热忱，有了激情，身体内的所有细胞都会充满活力，身体的每一个角落都会迸发出潜能的神奇力量。

想想看，一个咬定“要成为全日本销售冠军”目标的男人，会因为客户的一次拒绝、一句讥讽、几声斥骂而知难而退吗？不会！如果会，那么只能说明，目标选错了！他的心里真正想要的不是这个。

原一平没有“选错”目标，所以，他从来都没有退却过，即使遭遇了人生的低谷，遭遇了业务的瓶颈，他依旧以无畏而自信的昂扬姿态走了过去。

所以，他成功了，他站在销售界的巅峰。

我们每个人，其实都是奇迹的缔造者，我们有能力书写自己的神话。仰望他人？完全没有必要！只要坚定地朝着自己的目标走下去，相信自己，我们不比任何人逊色！

“一枝独秀不是春，百花齐放春满园。”上帝在创造这个世界的时候，就规定了它的多姿多彩。我们在制订目标的时候，同样也如此。

大自然中有植物，有动物，有微生物，植物有花、草、树、木之分，动物有鸟、兽、虫、鱼之别，微生物也有细菌和真菌。花有玫瑰花、月季花、牡丹花……鸟有金丝雀、大鹏鸟、雕……目标其实也一样，大目标下有中目标，中目标下有小目标，大大小小的目标有序地纵横交织，织出的才是无限灿烂的人生画卷。

所以，没有什么好犹豫的，为自己设定 101 个目标吧！马上！立刻！

烦躁的时候，听听轻音乐，心情就会得到很大的舒缓；不爽的时候，坐在泉边，听听流水潺潺，莫名的心里也会一宽；痛苦的时候，走出去，听听鸟鸣，听听蝉唱，听听钢琴曲，泪水就会不知不觉地被擦干……音乐的力量十分神奇，影响灵魂的音乐就更加神奇了。

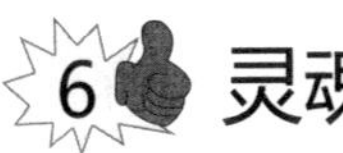

灵魂的音乐：潜意识CD

现代社会，虽然物质丰富了，科技发展了，信息发达了，人们的物质文化生活水平和精神文化生活水平都提高了，但随之而来的，生存压力也大大增加了，竞争也越来越激烈了。生活在这样一个“残酷”的社会，面对来自工作、生活中的种种压力，越来越多的人变得焦虑、紧张、拖延、不自信，越来越多的心灵被恐惧所占据。人们渴望精神和灵魂上的自我救赎，“灵魂的音乐”就是在这种情况下应运而生的。

调查显示，一些特定的、舒缓的、轻快的音乐能够与人体产生一种神奇的频率共振，让人因恐惧、压力、焦虑等变得超负荷的身体放松下来，血压降低、心率恢复正常、呼吸重新变得平稳、代谢再次充满活力……

事实上，音乐疗法在西方早已经被运用到临床医疗之中，效果也十分明显。

“灵魂的音乐”，和我们前面所讲的催眠其实有些神似，甚至音乐疗法和催眠本就是同族同宗，发掘的都是潜能的威力，利用的都是潜意识的神奇。

潜意识这个概念，我们提到过不止一次，它指的是潜藏在意识深处的、实际掌控着大脑中枢控制权的“老佛爷”。

通过刺激潜意识的音乐疗法，很多疾病都能够被战胜，其中，也包括人们通常都会有的恐惧病症。

曾经，一位美国医生就利用“灵魂的音乐”治疗好了两位肥胖症病人。他用特有的方法催眠了病人，然后对他们说：“油腻的食物是世界上最难吃的东西，低热量的食物才是世间难得的美食。”

医生的话就像是“上帝的声音”一样刻印在了病人的潜意识中，当病人从催眠中醒来，渐渐地，就不知不觉地在潜意识的影响下改变了自己的饮食习惯，对以前非常喜欢的高热油腻食物充满厌恶，对以前厌恶的低热食物却充满了喜爱。

就这样，病人的肥胖症好了。

潜意识是一种神奇的力量，这一点，我们提到过很多次，但潜意识不是万能的，我们必须明白。事实上，潜意识有的时候有些“犯傻”，它从来都不会分辨接收到的信息是真的还是假的，是正确的还是错误的。只要被它接收到的信息，它都会同样地反馈，都会依照信息对人类造成影响。

特殊的音乐频率中，隐藏着一种 α 波，这种波段的音乐能够对人的潜意识进行刺激，从而将“虚假”的信息自我勾勒出一个“真实”的轮廓，然后，根据这个真实的轮廓去指导人的大脑。

医学上很多奇迹都是这样制造的。一个病人得了癌症，他不断地听音乐，不断地给自己灌输这样的想法：只要我坚持每天听音乐，我的身体就会非常健康。一年后，他真的恢复了健康。

这并不是臆造，而是真有其事，在西方许多国家，“心想事成”甚至已经成为了一种流行的成功观念。

乔·吉拉德在他的销售过程中，就非常注重运用这种“灵魂的音乐”，来达到成功交易的目的。

他在和客户交谈的时候，非常注重对语言节奏和音调的掌控，当他想要强调产品的某个功能的时候，他的语调会变得高昂；当他想吸引客户的注意力时，他的话语会变得顿挫；如果他不想和客户在某个方面纠缠、玩文字游戏，他会加快语速，语调也变得轻柔而有些飘忽……

在乔·吉拉德刻意制造的“灵魂音乐”影响下，客户会自然而然地在潜意识中形成某些想法。比如乔·吉拉德说：“哦，太太，您看，这辆车多么适合您。”因为他刻意加重了“适合”这两个字的音调，所以，客户就会牢记住“适合”这两个字，不知不觉地就感到这款汽车真的很适合自己。乔·吉拉德的“魅力”，汽车的“魅力”也因此而跟着加强了。

事情就是如此简单，听起来有些玄奇，我们平时根本就不会注意，但正因为这种不经意，效果反而会出奇的好。

四大名著中的《三国演义》我们都读过吧，即便没有读过，电视剧也多少看过，在《三国演义》中，有一个十分经典的情节，那就是诸葛亮三气周瑜。

第三次，周瑜假死，诸葛亮去吊孝的时候，哀恸不已，令人动容，其实利用的也是潜意识的力量。

诸葛亮针对周瑜的弱点，不断地对他进行刺激。诸葛亮的声音就像是“魔音”一般灌进了周瑜的潜意识里，引导着他生气，引导着他认清自己“已经死亡”。结果，诸葛亮吊孝之后不久，周瑜就真的死了！

说了这么多，当然不仅是为了强调“灵魂音乐”的神奇，而是要说明一点，潜意识是“单纯”的，当单纯的潜意识掌握了“强大”的力量之后，就很有可能造成不好的结果。

就比如，我们常常不经意间给自己制造这样的声音：“我很失败”“我应该害怕”“我无能”……久了，潜意识就会反馈给你，你就会越来越恐惧，恐惧到骨子里，做事犹豫，患得患失，疑神疑鬼，最终将自己彻底地毁掉。

每个人都是自己世界的造物主，世界是什么样子的完全由我们自己掌控，潜意识与恐惧也一样。在我们学会利用潜意识的有利一面的时候，也要学会警惕其不利的一面，要不然，也许有一天，我们也会被自己气死或吓死！

智读汇征稿启事

智读汇与出版社强强联手，整合一流的出版资源，构建集出版策划、企业培训为一体的高效团队，多年来在业内享有良好的信誉和口碑。我们为企业、企业家、讲师、院校、社会名流等提供过很多有价值的出版策划和出版服务。成功作品有：《听李彦宏说百度经营之道》、《苏宁：背后的力量》（“组织智慧、营销创新、信息化天梯”三部曲）、《预约未来：我在森达 12 年》、《有效沟通》（余世维老师）、《管理越简单越有效》（李践老师），等等。为了更好地服务社会各界，特推出以下两大书系：

（一）“智读汇·名师书苑”书系：面向致力于为中国企业发展奉献智慧，提供咨询建议的培训师征稿，为培训师塑造个人品牌，传播课程价值及影响力。

（二）“智读汇·企业管理思想文库”书系：杰克·韦尔奇、郭士纳、冯仑、王石等众多成功企业家都出版过优秀图书，他们的绝秘心得是——“最伟大的企业家一定是一名优秀的畅销书作家！”本书系面向中国企业和知名企业家征稿，助力管理思想落地、企业文化传承和品牌影响力传播。

出版热线：13816981508

在线服务：QQ 3088289217

扫一扫了解智读汇出版资讯

读者服务卡

以书会友，真诚到永远！

1. 您是通过何种渠道了解到本书的？

□书店 □报纸杂志 □电视台电台 □网络 □朋友（老师）推荐 □其他

2. 您在何处购买到本书的？

□城市书店 □网络书店 □机场书店 □超市书店 □铁路书店 □其他

3. 如果您希望我们发送新书信息给您公司的负责人，请注明所推荐人的：

姓名：________________ 职务：____________ 电话：______________

地址：______________________________ 邮箱：______________

4. 通过阅读、学习本书，作者帮您解决了哪些工作中的难题？工作仍有什么样的难题未得到解决？请认真填写，本书策划服务团队及作者本人会在收到您的疑问后，进行详尽解答。

已解决的难题：____

____

____

____

未解决的难题：____

____

____

____

感谢您的阅读！请确认我们的联系方式

智读汇·名师书苑

地址：上海市恒丰路218号现代交通商务大厦西1307室

邮编：200070

电话：021-51213225　13816981508

传真：021-51211252

电子邮箱：zhiduhui100@163.com

淘宝店购书：http：//zhiduhui.taobao.com

（本服务卡复印件同样有效）

扫一扫有惊喜！